MON AMI L'ALCOOLIQUE

Henri R. Miñana

Couverture et mise en page :
Landry Miñana

ISBN : 978-2-322-17063-0

Éditeur :
BoD-Books on Demand,
12/14 rond point des Champs Élysées,
75008 Paris, France

Impression :
BoD-Books on Demand,
Norderstedt, Allemagne

Dépôt légal : mars 2019

© 2019 Henri R. Miñana

Depuis plus de 28 ans, je participe régulièrement, deux fois par mois, aux réunions d'une association d'aide aux malades alcooliques. Lors de ces rencontres, je fréquente des anciens buveurs qui se sont donné comme tâche d'aider d'autres malades dans leur combat contre la dépendance. Il se trouve que les personnes qu'ils se proposent d'aider, viennent chercher là des témoignages, des conseils, des encouragements, un accueil chaleureux, tout ce qui peut les aider à surmonter leur solitude et leur souffrance.

Parmi les participants à ces réunions, on peut voir et entendre donc, des anciens buveurs ; mais avec eux des « abstinents volontaires », non dépendants de l'alcool et dont la motivation paraît claire : ils s'interdisent de boire quelque boisson alcoolique que ce soit par simple et noble solidarité avec les malades ; parfois le malade est un proche, qu'ils ont décidé d'accompagner en pratiquant la même abstinence. On peut également imaginer que leur choix de vivre sans alcool procède d'un engagement philosophique ou spirituel parfaitement respectable.

D'autres membres, dont je suis, sont des « membres sympathisants ». Ceux-ci, qui ne se disent pas malades de l'alcool, s'engagent intimement à ne consommer que très modérément, non pas « comme tout le monde », mais beaucoup moins que tout le monde, à savoir une ou deux doses par mois et encore. Ces personnes peuvent être motivées par un élan compassionnel, un intérêt particulier pour cette maladie. Parfois c'est une recherche d'arguments, de témoignages qui leur permet d'aider un proche, de comprendre, de parfaire leur connaissance de cette pathologie tellement particulière. Alors que de nombreux Français ne reconnaissent pas encore le fait que l'alcoolisme est une vraie maladie, le premier objet de mon engagement est, pour le moins, d'affirmer ce fait.

On rencontre également dans ces réunions des personnes plus ou moins en souffrance. Ce sont des malades en soin au centre hospitalier d'alcoologie, en cure dite ambulatoire ou bien encore des hommes ou des femmes qui s'interrogent sur leur état de santé, leur rapport à l'alcool, en quête de renseignements, de conseils, d'encouragement à se faire soigner etc.

Enfin, il arrive que des parents ou des enfants de personnes en souffrance viennent nous voir pour apprendre comment se comporter avec un malade alcoolique, comment l'aider à prendre conscience de ce qui lui arrive, apprendre à ne pas juger leur proche, apprendre surtout quelles sont les erreurs à ne pas commettre.

C'est à l'écoute de ces gens que l'on peut se faire une idée de la façon dont se manifeste cette maladie aux conséquences à la fois sanitaires, sociales, financières, professionnelles, familiales etc. C'est à leur écoute que je me suis forgé une connaissance intuitive de ce qui passe encore pour un sujet tabou dans notre société.

La démarche que j'entreprends ici me place donc à mon tour sous un statut de témoin, et mon objectif est de tenter d'aider à ma propre compréhension en tout premier lieu. Pour ce faire, je m'appuierai sur les dires que j'ai entendus depuis tout ce temps. Pour préserver l'anonymat de mes amis je donnerai des noms fictifs aux personnes qui seront citées. Parfois plusieurs témoignages offerts par diverses personnes, seront attribués à une seule personne. « Rien ne doit sortir de ces réunions » dit-on, mais je pense que si les paroles entendues relèvent de la vie intime des participants, elles méritent quand même d'être divulguées en respectant l'anonymat de ceux qui les ont prononcées, car elles peuvent participer au changement de regard que notre société porte trop souvent sur cette maladie.

Je tenterai donc de livrer ici, les réflexions qui se sont imposées à moi tout au long de ces années ; et ces réflexions ne manqueront certainement pas de susciter autant de questions. En effet, l'alcoolisme est si singulier que chaque cas demeure encore et pour longtemps une énigme.

Note : Les citations, lorsqu'elles ne sont pas référencées, sont tirées tout simplement du « Petit Robert ».

Une maladie...

Tomber malade

> *J'ai commencé à boire à 14 ans, à chaque fois que je buvais un peu trop, je me sentais pousser des ailes, je devenais le maître du monde. J'étais un garçon tout à fait ordinaire, mais quand j'avais bu, je me transformais en héros, et avec mes potes, on s'éclatait, chaque week-end.*
> **Damien**

Damien racontait tout ça de la manière la plus simple du monde, en rigolant. Il faisait rire les autres.

> *Tout comme moi ! Mais moi, c'est vers 18 ans que ça m'a pris. Mais au bout de quelques années, pas mal d'années à vrai dire, ça ne me faisait plus le même effet, et il fallait que j'augmente les doses pour que ce soit encore marrant, jusqu'au jour où rien ne me transformait en super héros. Au contraire, plus je buvais et plus j'étais honteux, incapable de me contrôler : je buvais de plus en plus et je rigolais de moins en moins.*
> **Augustin**

Combien de participants nous ont décrit le même processus : on boit pour faire comme les autres, on s'aperçoit que c'est bon, on constate que l'effet produit est agréable, on prend de l'assurance, on se fait des amis, on est sociable, on admet les autres et on est admis parmi les autres. On apprécie la compagnie, puis insensiblement, pour retrouver les mêmes effets, on augmente les doses. J'apprendrai assez vite ce qu'est l'accroissement du seuil de tolérance : l'effet ressenti s'amoindrit au fil des jours, et la personne se voit dans l'obligation d'augmenter les doses pour ressentir du plaisir, jusqu'au jour où il faut boire non plus pour le plaisir mais pour masquer la douleur du manque.

> *Je bois pour me sentir libre et je ne suis plus libre de ne pas boire…*
> **François**

> *Moi, c'est beaucoup plus tard que je me suis rendu compte du problème : en rentrant chez moi, le soir, après le travail, je me versais un petit verre, un seul, en attendant que mon mari rentre à son tour. Ce n'était même pas pour chercher un effet quelconque, c'était une habitude innocente, ça ne pouvait pas faire de mal, et cela a duré quelques années. Mon mari a changé d'employeur, et il rentrait plus tard, alors, pour occuper cette nouvelle attente, je me suis mise à prendre deux verres, puisque c'était devenu plus long. J'ai augmenté les doses à partir du moment où il n'est plus rentré, on s'est séparés, et là, c'était parti jusqu'à boire une demie bouteille de whisky dans la soirée. Pendant la journée, au boulot, je ne buvais rien, et j'ai toujours assuré, mais le soir, honteuse de ce qu'il m'arrivait, aussitôt rentrée, je partais pour un délire. Des collègues m'ont dit, depuis, qu'elles me trouvaient un drôle d'air, mais qu'elles mettaient certainement cela sur le compte de la fatigue, de l'âge qui avançait, que sais-je ? Pour moi, ce comportement résultait de ma solitude, mais j'avais bien honte quand même. C'est quand je suis passée à une bouteille par soirée que j'ai*

cherché à comprendre pourquoi, comment. C'est Bernard que je ne connaissais pas, qui s'est trouvé à déjeuner en face de moi, un jour, à la cantine et qui s'est mis à parler de l'association. Je croyais que c'était le hasard qui l'avait mis sur mon chemin, mais le lendemain, il s'est remis en face de moi, il m'a regardée d'un drôle d'air – pas vrai Bernard ?- et il m'a parlé d'alcool. Bien plus tard, j'ai appris qu'une collègue l'avait mis sur ma piste. Moi qui croyais que personne ne s'était rendu compte de mon état...

Annie

> J'étais dans mes petits souliers. C'était la première fois que je m'occupais de quelqu'un, et je ne savais pas comment m'y prendre. Faut dire que le premier jour, il fallait que j'y aille mollo, je ne savais pas comment tu allais prendre mon intrusion dans ta vie intime, mais j'ai cru comprendre que c'était presque un soulagement pour toi de parler de ça, alors je me suis lancé, mais il a fallu du temps quand même.

Bernard

Joseph lui, a une trentaine d'années, il est présent à cette assemblée, mais il dit qu'il continue à boire, sauf aujourd'hui. C'est sa mère qui lui a demandé de venir, et il ne comprend pas ce qu'il fait là. Il boit comme tout le monde, il sait se contrôler, la preuve, ce soir il n'a pas bu et ça ne lui fait rien de ne pas boire.

> *En rentrant chez moi, tout à l'heure, je boirai un petit coup, puis au lit, et voilà !*

Joseph

Peut-être qu'il fait partie de ces personnes qui peuvent boire, un peu plus que d'autres, sans subir la dépendance. Peut-être qu'on ne le reverra plus à nos réunions et qu'il pourra continuer son parcours en alcool sans autre problème que sa sécurité, la sienne et/ou celle des autres lorsqu'il conduit ? Peut-être sera-t-il capable de ne jamais boire avant de prendre le volant ? Peut-être le verrons-nous un jour venir nous dire qu'il ne sait plus s'arrêter de boire et que nous pourrons l'aider à se prendre en charge ?

Pour l'instant, accueillons-le simplement, sans le juger, afin que si ce jour-là arrive, il ne craigne pas de venir demander de l'aide.

Lorsque Christian intervient, son histoire nous laisse perplexes.

> *Je suis l'épicier du village et il m'arrive de vendre des alcools, en particulier du vin. Je peux fréquemment rester plusieurs semaines sans en boire une goutte, jusqu'au jour où, je ne sais pas pourquoi, je pars en vrille, et je prends une cuite de trois ou quatre jours, sans pouvoir m'arrêter. Je fais ça pendant le week-end, je ferme ma boutique, ce qui n'est pas très bon pour garder une clientèle fidèle.*

Christian

Un des responsables du mouvement nous rappelle que chacun s'est alcoolisé de façon personnelle. Pour certains, il s'agit d'un fait banal, culturel : on boit parce que ça se fait en France : chaque occasion est un bon moyen pour alimenter la convivialité. Boire de l'alcool fait partie des rites d'intégration dans notre société. Nous sommes la patrie du bon vin, et il n'est pas question de s'élever contre cela. Toutefois, concernant les enfants et les femmes enceintes, la médecine a bien mis en évidence l'extrême danger que courent les fœtus et les enfants en pleine croissance : même si la mère consomme « raisonnablement » pendant la gestation, l'enfant court le risque de malformations, de développement physique et/ou intellectuel déficient, et donc dans ces cas, on doit passer aux interdictions.

> *Les dangers de l'alcoolisation excessive sont bien connus, les risques physiques qu'elle nous fait courir : conduite à risque en voiture ou ailleurs, rixes, violence familiale... mais le combat contre ces dangers ne constitue pas véritablement le cœur de notre action. Bien évidemment, nous devons dénoncer cet aspect-là de l'alcoolisation qui reste à réprouver, mais qu'on prenne garde de ne pas tout confondre ; en effet, certains sont des consommateurs excessifs et ne subissent pas la dépendance, d'autres qui parfois sont plus modérés dans leur consommation, peuvent devenir dépendants, progressivement, sans s'en rendre compte. Et le cœur de notre action, c'est l'aide qu'on peut apporter à ceux qui souffrent de leur addiction.*
> **Un responsable de l'association**

Pour les autres, les messages de prévention, tout particulièrement ceux concernant la conduite automobile, devraient jouer leur rôle, surtout s'ils sont bien faits et s'ils s'adressent aux jeunes, aux futurs conducteurs.

Pour nous expliquer le cas de Christian, le responsable définit quelques aspects de cette maladie : l'alcoolisme chronique, celui de tous les jours, qui s'impose et mobilise l'esprit en permanence, se différencie de l'alcoolisme cyclique qui fait que la personne, on ne sait pas pourquoi, se prend d'une envie irrépressible de boire jusqu'à en perdre la raison, jusqu'au coma éthylique. Malgré la diversité des symptômes il s'agit bien de la même maladie, elle se soigne de la même façon, et on peut également s'en sortir.

Sébastien, nouveau venu dans nos réunions nous demande si l'alcoolisme est héréditaire. Cette question laisse un peu dubitative l'assemblée, car il arrive souvent que des malades nous disent que leur père, leur grand-père, leur mère, en avaient été atteints. Que répondre à cela : on connaît de nombreux cas où personne dans la famille n'est alcoolique, sauf celui ou celle qui a fini par rejoindre l'association. Cela suppose-t-il qu'il suffirait d'analyser le code génétique des malades pour trancher ? On sait qu'on hérite des gènes de nos ancêtres, et que l'implication de certains gènes peut également sauter plusieurs générations. En attente de résultats scientifiques sur cette question, admettons que l'alcoolisme est un héritage et que comme tout héritage, il peut être refusé en adoptant un mode de vie particulier. Être informé des risques induits par une consommation excessive permet sans doute de se mettre à l'abri si on le souhaite vraiment. Il se trouve que la prévention, l'information sous toutes les formes possibles devrait aider à se prémunir.

La discussion concernant la prévention, le prix excessif des consommations non alcoolisées ou les tentations permanentes incitant à boire, revient assez souvent et vient révéler le sentiment d'injustice que vivent les malades alcooliques. Parfois, souvent, c'est un sentiment de culpabilité qui surgit. Le malade alcoolique est-il victime d'une injustice ou bien est-il responsable de ce qui lui arrive ? Si nous transposons ce questionnement sur une autre maladie, par exemple le cancer, peut-on dire que le malade est responsable de ne s'être pas préservé ? Une saine alimentation, une bonne hygiène de vie, lui auraient peut-être permis d'éviter la pathologie, et pourtant un cancéreux est un malade, et personne ne met ce statut en doute, même si, en creusant un peu on peut admettre que la personne a pu jouer un rôle qui favorise le développement de sa maladie. S'est-il imprudemment exposé au soleil, fume-t-il trop ? Mange-t-il trop salé, trop sucré ? A-t-il travaillé ou vécu dans des ambiances cancérogènes ? N'y a-t-il pas mille raisons évitables de tomber malade du cancer ? Nous ne résoudrons pas la question de la responsabilité, notre rôle n'est pas de juger, mais d'aider les personnes en souffrance à sortir de l'emprisonnement, à retrouver leur liberté et vivre heureux pour eux-mêmes et pour leur entourage.

Habitus

Manière d'être d'un individu, liée à un groupe social, se manifestant notamment dans l'apparence physique (vêtements, maintien, voix, gastronomie, consommation etc.)

« Le terme d'habitus évoque une «empreinte» de type social laissée sur la personnalité de l'individu par les diverses configurations (systèmes d'interdépendance) au sein desquelles celui-ci agit. [Autrement dit,] L'individu a donc une identité propre, mais il s'inscrit dans un milieu de relations qui va lui transmettre des valeurs, un schéma de comportements, un habitus social. »
La société des individus
Norbert Elias, 1897-1990

« L'habitus influence tous les domaines de la vie (loisirs, alimentation, culture, travail, éducation, consommation…).
Il permet d'expliquer que des individus, appartenant à une même catégorie sociale, à un même groupe, placés dans des conditions analogues aient une vision du monde, des idées, des comportements, des goûts similaires. »
Pierre Bourdieu, 1930-2002

Savoir recevoir des amis, fêter dignement un événement, un départ en retraite, faire la fête entre copains, passer une soirée en boite, s'amuser. Dans chaque société existent des rituels destinés à intégrer l'individu dans son groupe social : faire comme les autres pour être reconnu par eux. Pour résumer simplement, on fait certaines choses parce que « ça se fait ». Ces rites sont nécessaires pour que l'individu se développe harmonieusement, pour que le groupe social trouve son équilibre.

Pourquoi trouve-t-on davantage de malades alcooliques dans certaines régions de France que dans d'autres ? Dans certaines familles, le premier contact avec l'alcool se fait avant l'âge de dix ans. Qui n'a jamais entendu qu'à une certaine époque on donnait un peu d'alcool aux nourrissons, au biberon, pour les calmer ? C'est dans la famille, pendant le service militaire, au sein de son groupe d'amis, ou dès l'adolescence, pour faire comme les autres, pour s'émanciper, que bien souvent on vit sa première cuite. La France est le pays du bon vin, et de ses vertus gastronomiques. Le pays où on a su inventer toutes sortes de liqueurs, toutes plus raffinées les unes que les autres. L'alcool est bien partie intégrante de la culture française, un moyen d'intégration dans la société française.

La plupart des membres de l'association nous décrivent que tout avait commencé par cette sorte de rite.

> – En boite, afin de pouvoir détendre l'atmosphère, on se chargeait avant d'entrer, ce qui permettait de moins dépenser en boisson pendant la soirée. Honte à celui qui ne partait pas « éméché ».
>
> – Pendant le service militaire, le soir ou en permission, celui qui ne buvait pas un bon coup pouvait passer pour un faux frère.
>
> – On avait l'habitude entre voisins, de passer les uns chez les autres prendre un apéritif... en tout bon voisinage, ça permettait de cultiver des bonnes relations, même si parfois on ne se contentait pas d'un seul verre !

On peut prétendre dans notre beau pays, que la consommation d'alcool n'est pas forcément dangereuse, ce que ne manquent pas d'affirmer les producteurs et les lobbies alcooliers, voire quelques médecins de régions viticoles. Certains affirment également qu'un verre par jour est même salutaire pour le cœur, la circulation sanguine, la tension artérielle, la dépression etc., le tout étant de demeurer dans la modération. Notre propos n'est pas et n'a jamais été de proscrire toute consommation d'alcool, il est de montrer que pour certaines personnes, indépendamment de leur milieu social, de leur sexe, de leur niveau intellectuel économique ou culturel, ce produit peut conduire à la dépendance aussi facilement que n'importe quelle autre drogue, alors que pour d'autres, même si le risque est évident de provoquer des incidents, des accidents, des pertes de contrôle, les symptômes de la dépendance ne seront pas décelables.

Pour que chacun puisse se conformer aux coutumes de son milieu social de prédilection, pour parfaire sa socialisation, se sentir comme les autres, s'intégrer dans un groupe, la société accepte ou impose les rites d'intégration, au risque que quelques uns, plus fragiles, ou prédisposés à subir le phénomène de la dépendance, développent cette pathologie.

Dépendance

Etat résultant de la consommation répétée d'une substance toxique, qui se caractérise par le besoin de continuer la prise et d'augmenter les doses.

Addiction

L'addiction se définit comme la dépendance d'une personne à une substance ou une activité génératrice de plaisir, dont elle ne peut plus se passer en dépit de sa propre volonté. Elle est probablement liée à une libération d'endorphines dans la circulation sanguine en rapport avec le plaisir procuré, c'est d'ailleurs ce qui la différencie du comportement obsessionnel compulsif.

Ou bien encore :

Dépendance à une substance (drogue, alcool), mais aussi à un comportement ou à une situation (boulimie, jeu pathologique, achat pathologique, certaines conduites suicidaires, anorexies et conduites sexuelles, kleptomanie, etc.), voire à une relation affective (par rapport au conjoint notamment), même si sont ressenties une souffrance, une fréquente culpabilité, et répétées des tentatives de maitrise ou d'interruption.

Dans notre mouvement d'anciens buveurs, nous employons plus volontiers le terme de dépendance plutôt que celui d'addiction : il nous semble que le terme addiction est aujourd'hui galvaudé, voire édulcoré, il ne met pas assez en exergue la notion de perte de liberté. Il est de bon ton aujourd'hui de se dire « addict » à un tas de choses : à la lecture d'un roman policier, à la tarte à la fraise, à une série télévisée. Le terme addiction semble être mis à toutes les sauces, jusqu'à servir de slogan publicitaire : « Le jeu vidéo qui vous rendra addict ! »…

Il semble donc dépassé (ringard) de se découvrir une passion ou un goût prononcé pour quelque chose, on passe directement à l'addiction !

Rappelons-nous que la dépendance à n'importe quelle drogue, résulte de la rencontre entre un individu, un produit, et ce, dans un milieu particulier. Pour ce qui nous concerne, le produit c'est évidemment l'alcool, l'individu, c'est l'être humain avec toutes ses particularités : selon nous, il s'agit essentiellement de ses prédispositions à l'addiction. Quant à son environnement : son habitus, c'est à dire sa famille, ses relations, son métier, son époque, son lieu de vie et son éducation, suffit à conditionner cette rencontre plus ou moins symptomatique avec le produit.

> *Lorsque j'ai commencé à boire de l'alcool, même de façon modérée, en soirée par exemple, avec des amis, je me suis rendu compte que chaque verre semblait en appeler un autre. Quand j'ai pris conscience que ça pouvait devenir un problème, et par crainte de ne pas pouvoir m'arrêter avant de sombrer, je me suis vue dans l'obligation de stopper tout ça : je sentais que le piège était là. Heureusement que j'étais assez informée*

de ce qui pouvait m'arriver si je persistais à consommer. Mon père était malade alcoolique, et je ne voulais absolument pas que ça me tombe dessus...
Alors, ne sachant pas s'il y avait là les premiers signes de la dépendance, avant de ne plus pouvoir m'arrêter, je préfère venir ici, connaître toujours mieux cette maladie et m'abstenir pour m'en préserver, tâcher de me mettre à l'abri
Hélène

Nul ne saura si Hélène courait vraiment le risque de tomber en dépendance, et, ne voulant pas se mettre en danger, elle-même avait résolu de ne pas chercher à savoir, pour constater que malgré tout, la vie était tout à fait agréable sans alcool. « On vie très bien sans alcool…on vit même mieux ! », précisait-elle.

Ne plus être capable de se passer du produit : « Boire sans soif » faire mentir l'expression « Boire jusqu'à plus soif »… Le malade alcoolique n'a pas besoin d'avoir soif pour boire, il a seulement besoin de boire, et lui ne peut pas, ne peut jamais atteindre la satiété, jusqu'au coma ou tout au moins le délire éthylique, le sommeil profond du dégrisement

Une personne qui est habituellement sobre, est sensible à la moindre dose d'alcool absorbée : une certaine chaleur l'envahit rapidement, ses oreilles rougissent, ses jambes semblent accuser le coup, un léger vertige se fait sentir. Un verre suffit pour faire apparaître ces symptômes, là est son seuil de tolérance. Pour peu qu'elle trouve ces sensations plutôt agréables, elle peut être tentée de revivre cette expérience, et, l'habitude aidant, il lui faudra progressivement des doses plus élevées pour ressentir les mêmes effets qu'au début. Le plaisir de boire s'est installé, le seuil de tolérance est de plus en plus élevé. Le malade alcoolique, lui, n'est plus en mesure de rechercher du plaisir, il lui arrive souvent, presque toujours, de devoir boire non plus pour ressentir du plaisir, mais pour effacer la douleur du manque, gommer les tremblements matinaux.

> « Plus une personne a une tolérance élevée, plus le cerveau est en train de subir des modifications neuronales qui lui permettent de résister à l'alcool... »
> **Dr Philippe Batel**, addictologue

Nous transcrivons ci-après une grille des différents symptômes qui permettent à chacun de se situer, et ainsi d'aider à engager éventuellement une démarche salutaire.

Ces 11 critères sont applicables tant en ce qui concerne l'alcoolisme que n'importe quelle autre forme d'addiction : le jeu, la défonce sportive, les conduites à risque, le sexe, le travail, la drogue licite ou illicite, les médicaments, le tabac, etc.

La personne qui coche plusieurs de ces critères est la première à savoir si elle est dépendante, la seule à être capable de se motiver pour aller en soins, la seule à devoir faire preuve de courage pour cesser la descente aux enfers.

LES 11 CRITERES DIAGNOSTICS DU DSM V
American Psychiatric Association

- ☐ Besoin impérieux et irrépressible de consommer la substance
- ☐ Perte de contrôle sur la quantité et le temps dédié à la prise de substance
- ☐ Beaucoup de temps consacré à la recherche de substances
- ☐ Augmentation de la tolérance au produit addictif
- ☐ Présence d'un syndrome de sevrage, c'est-à-dire de l'ensemble des symptômes provoqués par l'arrêt brutal de la consommation
- ☐ Incapacité de remplir des obligations importantes
- ☐ Usage même lorsqu'il y a un risque physique
- ☐ Problèmes personnels ou sociaux
- ☐ Désir ou efforts persistants pour diminuer les doses
- ☐ Activités réduites au profit de la consommation
- ☐ Poursuite de la consommation malgré les dégâts physiques ou psychologiques

Addiction faible : 2 à 3 critères
Addiction modérée : 4 à 5 critères
Addiction sévère : 6 critères ou +

Malade alcoolique vs buveur excessif

Il arrive parfois que des personnes assistent à nos réunions (qui sont bien sûr ouvertes à tout le monde, et dont la participation est gratuite), poussées par un proche parent. J'ai le souvenir d'une mère, très inquiète : son fils, un jeune adulte d'une trentaine d'années, buvait trop, elle avait beau se fâcher, rien n'y faisait, à chaque fin de semaine, c'était la même histoire. Elle s'était rendu compte qu'également dans la semaine, il s'alcoolisait trop, et tout cela la chagrinait énormément. Le fils, présent à la réunion, niait la chose, avec désinvolture, prétendant qu'il buvait comme tout le monde, et qu'il savait s'arrêter. Il ne se mettait jamais en danger, disait-il, ne buvait pas trop s'il devait conduire. Il avançait qu'à son âge, il avait bien le droit de s'amuser un peu. Et d'ailleurs, qu'avait-il à gagner à ne plus boire d'alcool ? Que sa mère ne le harcèle plus ? La belle affaire, il avait passé l'âge des réprimandes maternelles.

Pouvons-nous considérer que ce jeune homme est un buveur excessif ou bien un malade déjà dépendant ? Il prétend qu'il « gère sa consommation », qu'il veille à ne pas dépasser le seuil légal d'alcoolémie lorsqu'il doit conduire. En revanche, il se donne le droit de se « lâcher » de temps en temps, sans, dit-il, courir ou faire courir aux autres le moindre danger. Nous savons que la dépendance met beaucoup de temps à s'installer. Notre ami passera peut-être à côté de la maladie, peut-être pas. Son histoire de vie, amoureuse, familiale ou professionnelle pourra l'amener un jour à prendre conscience de sa responsabilité et à réduire considérablement sa consommation. En revanche, s'il fait partie des personnes à risque, son parcours le conduira immanquablement à la dépendance et à son cortège de souffrances.

La maladie alcoolique a décidément cette particularité : tout le monde ne court pas les mêmes risques. Les progrès scientifiques actuels ou avenir nous laissent entendre qu'une certaine proportion de la population peut être dite « à risque » : selon les auteurs, on compte en France environ 5 millions de personnes en difficulté avec l'alcool, pour 1,7 million de malades dépendants. Cela signifie-il que 3,3 millions de français ne courent aucun danger en consommant autant d'alcool ? Peut-être sont-ils sur le chemin de la dépendance, mais certainement pas tous ! Les statistiques nous apprennent également que 10,4 millions de Français ont des comportements à risque dus à une surconsommation d'alcool.

Nous conclurons que si la consommation excessive d'alcool ne conduit pas automatiquement à la dépendance et donc à la maladie, cela ne peut en aucun cas la rendre inoffensive. L'alcool n'est pas nécessaire pour vivre, n'est pas un aliment indispensable. S'il permet une certaine convivialité, un plaisir à vivre en société, si l'on ajoute qu'il fait partie de notre patrimoine et de notre art de vivre, il faut également considérer qu'une surconsommation est toujours dommageable, par les risques d'ennuis de santé qu'elle fait courir : cancers divers et conduites à risque, sans compter qu'elle met en péril la vie et l'économie familiales, l'éducation des enfants, la vie de couple, la réussite professionnelle etc.

Le déni

> Refuser de reconnaître une réalité dont la perception est traumatisante.

Combien de fois avons-nous entendu :

- *Je ne suis pas malade, je bois comme tout le monde, je m'arrête quand je veux, si je veux...et je n'ai pas envie de m'arrêter.*
- *Si on ne peut plus s'amuser, autant se flinguer tout de suite.*
- *Et puis y-en-a marre de nous rabâcher tout ce que nous devons faire.*
- *On est responsable de ce qu'on fait, c'est notre liberté.*
- *Ce n'est pas parce qu'on boit un verre ou deux qu'on va finir poivrot.*
- *Moi je tiens l'alcool, il m'en faut plus pour me rendre malade.*
- *Avec le boulot que j'ai, ça m'aide à tenir le coup.*
- *La vie est courte, alors autant en profiter.*
- *...*

Annie est restée pendant des années sans se rendre compte qu'elle glissait insensiblement vers la dépendance. Elle avait sans doute vaguement conscience qu'elle avait un problème, puisqu'elle s'arrangeait pour que ses collègues, ses chefs, son mari ne se doutent pas qu'elle consommait trop d'alcool. Elle savait qu'un excès d'alcool pouvait nuire à son travail, à ses relations, à son couple, à sa santé, aussi se cachait-elle, jusqu'au jour où, étant dans l'obligation insidieuse d'augmenter considérablement ses doses, elle a fini par provoquer le départ de son compagnon. Elle était dans le déni, jusqu'au jour où l'évidence a surgi.

Après une durée plus ou moins longue de déni, les personnes finissent parfois par admettre l'excès de consommation, en se trouvant des excuses. Dans le cas d'Annie, c'est la séparation d'avec son mari qui, nous avait-elle dit, semblait être la cause de son alcoolisation (après les soins et la réussite de son traitement, elle admet bien volontiers que la cause résidait en elle-même et non dans les faits extérieurs… et que c'est sa consommation excessive qui avait provoqué le départ de son compagnon).

Nombreux sont ceux qui trouvent la cause de leur trouble dans la perte d'un être cher, le décès d'un parent ou d'un enfant, la perte d'un emploi, une déception amoureuse, des circonstances dramatiques. Lorsqu'ils sont à ce stade, et surtout s'ils persistent à penser qu'ils ont eu de bonnes raisons pour s'alcooliser, on a pu constater qu'ils ne revenaient pas aux réunions, et entre nous on se dit qu'ils ne sont pas encore prêts. Il ne sert à rien de tenter de les persuader que les causes ne sont pas extérieures à eux, mais bien en eux-mêmes.

Marilyne a participé à toutes les réunions pendant deux années. Elle nous disait que le jour où elle devait venir, elle ne buvait pas, mais elle ne manquait jamais de vanter le goût du petit vin qu'elle buvait les autres jours. Etait-elle dans le déni ? Sans doute, puisqu'elle semblait se présenter comme quelqu'un qui maîtrisait sa consommation… Alors pourquoi venait-elle si régulièrement à nos réunions ? Cette question pourrait nous laisser perplexes… Considérons qu'elle était sur le chemin d'une véritable prise de conscience de son problème. Elle y avait mis deux années entières, puis un jour elle a annoncé que c'était fait, elle venait de prendre rendez-vous pour une prise en charge médicale... Elle entrait en cure.

Un autre des participants à nos réunions, après plus de deux années de présence nous a fait la réflexion suivante : « Je suis venu pendant tout ce temps, j'écoutais, je faisais mon « cheminement », puis un beau jour, je me suis décidé ».Pour lui, une seule cure a suffi.

Le fait d'avancer des causes extérieures semble n'être qu'un alibi. Cela permet de se dédouaner : « Ce n'est pas de ma faute si je bois ! »...« Je bois pour oublier » dit le buveur du Petit Prince. Et Jacques ne manque jamais de rappeler que boire pour oublier ses problèmes ne les fait pas disparaître, et on peut même affirmer que cela les amplifie. Il rajoute malicieusement que nombreuses sont les personnes qui ont des tas de problèmes, d'argent, de cœur, de mal être dans leur vie, et elles ne tombent pas dans la dépendance à l'alcool pour autant.

L'extrait du Petit Prince que nous avons cité plus haut est à poursuivre, ce qui nous illustrera clairement quelques aspects de cette pathologie :

« La planète suivante était habitée par un buveur. Cette visite fut très courte mais elle plongea le petit Prince dans une grande mélancolie :

— Que fais-tu là ? dit-il au buveur, qu'il trouva installé en silence devant une collection de bouteilles vides et une collection de bouteilles pleines.

— Je bois, répondit le buveur d'un air lugubre.

— Pourquoi bois-tu ? lui demanda le Petit Prince

— Pour oublier, répondit le buveur.

— Pour oublier quoi ? s'enquit le Petit Prince qui déjà le plaignait.

— Pour oublier que j'ai honte, avança le buveur en baissant la tête.

— Honte de quoi ? s'informa le Petit Prince qui désirait le secourir.

— Honte de boire ! acheva le buveur qui s'enferma définitivement dans le silence.

— Et le Petit Prince s'en fut, perplexe.

Les grandes personnes sont décidément très très bizarres, se disait-il en lui-même durant le voyage. »

Le génial Saint-Exupéry nous montre comment l'alcool peut rendre triste, lugubre, honteux. Nous voyons également là que le buveur peut susciter chez les autres la pitié, le désir d'aider, la mélancolie, l'incompréhension, et qu'il a tendance à s'enfermer dans son mutisme quand il s'aperçoit qu'on cherche à le secourir. Mais Saint-Ex, comme il était fréquent à son époque, classe les buveurs dans une catégorie énigmatique qu'on ne peut avoir la chance de comprendre aujourd'hui, que si l'on admet le concept de maladie.

Pendant plusieurs siècles, c'était la société tout entière qui était dans le déni ; on pouvait entendre partout que l'ivrogne était quelqu'un qui n'avait pas de volonté, qu'il suffisait de savoir boire, faire preuve de caractère. Seuls les faibles, les incapables, ceux qui n'avaient aucune dignité se mettaient dans ces états lamentables. Au mieux, on pouvait plaindre ces gens, comme on pouvait plaindre le pauvre…responsable de sa pauvreté !

Le buveur du Petit Prince est-il dans le déni ? Peut-être ! Il a certes conscience de la honte qui l'habite, mais il se renferme dès qu'il soupçonne qu'on veut l'amener vers une analyse plus approfondie de son problème.

Si l'on admet que l'alcoolisme est une maladie presque ordinaire, si l'on considère que cette maladie peut tomber sur n'importe qui, alors le déni perdra de sa force de résistance, les malades n'auront pas à tenter de se déculpabiliser. Se faire soigner apparaîtra comme une chose banale et facile.

Vers une prise de conscience

Joseph, le facteur, nous raconte souvent comment, pendant sa tournée, il s'arrangeait pour passer d'un bistrot à l'autre, n'hésitant pas à traverser systématiquement les rues, ce qui rallongeait sa course, et le faisait zigzaguer. Et le zigzag lui permettait de se donner une bonne contenance, disait-il en riant. Aujourd'hui, le récit des exploits du temps où la plupart d'entre eux s'alcoolisaient prête souvent à plaisanter, mais après les rires, le rappel des drames vécus par eux-mêmes et leur entourage ne se fait pas attendre.

> *Le lendemain d'une de ces soirées bien arrosées, je me suis mis à douter : je ne me rappelais plus ce que j'avais fait la veille. Je me suis précipité dehors pour voir si je n'avais pas d'éraflure sur la voiture. J'aurais pu tuer ou blesser quelqu'un sans m'en rendre compte…*
> **Jean-Michel**

> *Moi, c'est l'odeur du gaz qui m'a alerté. Quand je pense que si quelqu'un avait sonné, ça aurait pu faire sauter l'immeuble…*
> **Albert**

Après une belle soirée entre amis, il s'était endormi, laissant son gaz ouvert.

> *Le jour de la paye, je ne rentrais pas chez moi, c'est au bistrot que j'en claquais la moitié…*
> *Ma femme et mes enfants pouvaient attendre.*
> **Sébastien**

> *Combien de fois je me suis dit que là, maintenant, c'est fini, ce verre, ou cette bouteille qui est là, je n'y toucherai pas, et pourtant, rien n'y faisait, je n'arrivais pas à me résoudre à jeter ce poison dans le lavabo, je le buvais.*
> **Monique,** aujourd'hui abstinente et heureuse de l'être.

> *Je vivais seul avec mon chien, et celui-ci était témoin à mon alcoolisation quotidienne. Son regard implorant qui quémandait une sortie, ne suffisant pas à me faire chercher la laisse, il a renversé, d'un coup de pattes rageur, toutes les bouteilles sur la table basse...pour me faire comprendre que ça suffisait comme ça.*
> **Christian**

> *Pourquoi tu bois ? m'a demandé ma fille.*
> *Elle avait quatre ans, c'est ce jour-là que je me suis posé quelques questions.*
> **Emmanuel**

Cette dernière confidence, d'Emmanuel, nous sidère quelque peu. Un bon nombre de personnes sont venues nous dire que souvent, le conjoint ou la conjointe sont à l'origine de cette prise de conscience du problème. De nombreuses fois, c'est la justice qui y contribue : accident, rixe, retrait de permis, prison, déchéance de parentalité, perte d'emploi, divorce… Ou bien encore, c'est le médecin à qui on ne peut plus cacher sa consommation et qui met en lumière de graves symptômes après avoir palpé le foie ou examiné la teneur en gamma. Mais quand la simple question d'un enfant de cet âge vient mettre à jour le problème, on se met à réfléchir un peu plus sérieusement… Et dire qu'on pensait que les enfants ne se rendaient compte de rien.

Dans le même ordre d'idée, nous avons recueilli le témoignage d'une vieille dame. Elle vivait dans une cabane, isolée, ivre la plus part du temps. Son compagnon, lassé de toutes les turpitudes qu'elle lui faisait subir, l'avait abandonnée. Il ne lui restait que son chien.

> *Un jour, j'ai voulu prendre le chien dans mes bras, et il s'est débattu, m'a échappé et s'est enfui la queue basse. C'est là que j'ai compris que quand j'étais saoule, je le martyrisais. Et aujourd'hui, je le remercie de m'avoir fait ce signal.*

L'environnement de la personne, depuis longtemps, parfois pendant des années, ne cesse de se manifester auprès du malade : reproches, disputes, menaces ne font rien tant que la personne est dans le déni. On se dit souvent qu'il ne sert à rien d'intervenir, les réprimandes ne sont pas entendues, souvent elles sont même contreproductives. Le patron, le gendarme, le juge, le médecin, les amis (ceux qui interviennent par véritable amitié, pas les autres, trop contents de se faire offrir des tournées)…Rien n'y fait, le malade est esclave de la bouteille, il ne le sait pas, ou ne veut pas le savoir, il n'entend pas. Jusqu'au jour où…

Le déclic

> Déclenchement soudain d'un processus psychologique.

Par jeu, on illustre le déclic de cette façon : supposons un verre vide, dans lequel, à chaque fois qu'un événement particulier se produit, quelques gouttes d'eau tombent au fond.

- Je me rends compte que ce soir, j'ai vraiment trop bu…
  Quelques gouttes d'eau qui tombent dans ce verre virtuel.
- Les collègues me font une remarque sur le nombre de verres que j'ai bus, en plaisantant ou non…
  Quelques gouttes tombent et s'ajoutent au fond.
- Le médecin me demande si je bois, je lui réponds « Comme tout le monde » en sachant que je n'en pense pas moins…Le niveau monte.
- Je suis rentré très tard, après une belle soirée bien arrosée avec les copains du club…ma femme me fait remarquer qu'elle commence à en avoir assez de ces virées…
- En rentrant, de retour d'un « pot » au travail, j'ai failli me renverser en voiture…
- Je devais aller chercher mon fils à la sortie de l'école, et j'ai oublié, car j'avais rencontré un ancien camarade au bistrot…Le niveau monte encore.
- Positif à un contrôle d'alcoolémie, j'ai gagné un retrait de permis… encore quelques gouttes, mais déjà le verre est presque plein.

- Un copain me conseille ou m'invite à me rendre à une réunion d'anciens malades… Sa proposition m'interpelle, encore quelques gouttes !
- Un parent bienveillant, un père, une mère, une épouse, un fils veut prendre rendez-vous, pour moi, auprès d'un médecin ou d'un organisme spécialisé en alcoologie ou en addictologie…
- Le patron parle de licenciement…
- Le juge parle d'incarcération…
- Le conjoint ou la conjointe demande le divorce, ou bien le médecin me dit que je vais perdre la vue si je continue, ou que j'ai du diabète, ou que mon foie va me jouer des tours… Encore un peu de liquide dans ce verre…
- Ou bien encore mon fils ou ma fille me dit que, quand il ou elle a besoin de moi, je suis affalé dans mon canapé, incapable de réagir… encore quelques gouttes d'eau qui tombent dans ce verre… jusqu'au trop plein. Trop c'est trop, le verre déborde, et c'est le déclic.

Bien sûr, le moment de la prise de conscience dépend en partie de la taille virtuelle de ce verre : s'il est de grande contenance, c'est que l'individu est du genre coriace, que le déni a été bien ancré ; le malade n'est pas vraiment informé sur la pathologie, ou bien n'a pas encore assez souffert de ce qui lui arrive ou bien encore a trop d'orgueil pour s'avouer ses faiblesses.

C'est donc au moment où le verre déborde que se produit le déclic : moment magique où la personne entrevoit les choses d'un nouvel œil. Il passe du « je voudrais bien m'en sortir » à « je veux m'en sortir ». Mais il ne sait pas encore s'il va s'en sortir. La velléité devient un commencement de bonne volonté, mais ce n'est pas gagné pour autant car l'alcool, la dépendance, annihile toute manifestation de la volonté. En général, les personnes qui ne sont pas dépendantes de l'alcool ne peuvent pas comprendre que les malades ne puissent pas faire preuve de volonté. Au mieux, la personne est suspectée de faiblesse, elle inspire de la pitié... Une pitié quelque peu condescendante. Une pitié qui parfois dédouane nombre de consommateurs excessifs, bien contents de se dire que l'alcoolique, c'est l'autre.

Le courage

> Prendre son courage à deux mains : se décider malgré la difficulté, la peur, la timidité.

Lorsque le malade arrive à ce niveau de conscience, il lui reste à faire preuve non pas de volonté, mais de courage. Comment peut-il s'imaginer vivre sans alcool ? L'alcool a été le centre de sa vie. Combien de fois a-t-il promis de réduire sa consommation ? Combien de fois s'est-il fait à lui-même cette promesse, y compris dans le secret de ses remords ou de sa honte ? Rien n'y faisait ! La bouteille avait toujours le dernier mot !

> *C'est l'alcool qui commande, c'est lui le plus fort.*

C'est au moment où le « verre à déclic » déborde qu'une seule solution s'impose, avec ou sans jeu de mot, au propre comme au figuré : se jeter à l'eau, faire preuve de courage, voire de témérité. Advienne que pourra, quitte à en crever, il faut prendre le taureau par les cornes, rien ne peut être pire que de continuer encore et encore à vivre cette situation. Et à chaque fois, après les soins, que le doute se manifestera, il suffira de se pencher sur son passé, regarder ce verre qui vient de déborder pour se persuader que le seul choix qui s'imposait était là, dans l'abstinence.

Mais là encore, ce n'est toujours pas gagné pour autant ! Atteindre le niveau nécessaire pour déclencher le courage n'est possible que si la personne est prête à accepter tout, donc à prendre tous les risques, plutôt que de continuer à vivre cette galère.

Comment pouvons-nous faire lorsque quelqu'un vient en réunion dans l'espoir de trouver des solutions à son problème, pour le persuader que son avenir, s'il veut s'en sortir, passe par l'abstinence totale ? Jusqu'à ce jour, c'est l'alcool qui le dirigeait : il se cachait parfois pour boire, il mentait, il était capable de toutes les rouéries pour se procurer son breuvage, il cachait ses bouteilles dans des endroits les plus inattendus, connus de lui seul. Comment entrevoir avec lui, et surtout s'il est assez jeune, que ce qu'il lui reste de vie, il devra le passer sans « faire la fête », en se privant des plaisirs qu'il considère aujourd'hui comme majeurs ? Nous savons que si la personne n'est pas prête à entendre cette nécessité d'abstinence, c'est que le déclic n'a pas vraiment eu lieu, mais on peut toujours garder l'espoir que le fait d'avoir entendu ces recommandations a peut-être contribué à faire tomber quelques gouttes d'eau supplémentaires dans son « verre à déclic », et attendre son improbable retour à une prochaine réunion…

L'humilité

> Sentiment de sa faiblesse, de son insuffisance qui pousse la personne à s'abaisser, volontairement en réprimant tout mouvement d'orgueil.

Jean-Louis racontait souvent qu'il buvait pour se donner du courage, parvenir dans des circonstances particulières, à surmonter quelques difficultés, se sentir plus à l'aise. Bref, quand il buvait, il se sentait un autre homme. Il devenait le maître du monde, le plus fort, le plus beau.

Se sentir bien en société, brillant avec les filles, avec les copains, plus drôle aussi, est l'une des récompenses qu'offre l'alcool. L'alcool, c'est bien connu, aide à se donner de l'assurance, à augmenter l'estime de soi…un temps. C'est dans l'excès de consommation que les choses se gâtent. Quelle belle idée peut-on se faire de soi lorsqu'on a été ramené à la maison par une âme charitable, dans un état lamentable. Heureusement le bouclier mental fait que l'on ne se souvient de rien : le cerveau a déclenché le fusible de l'amnésie. Si on a donné un spectacle dégradant, on ne peut pas garder en mémoire l'événement, et au plus profond de soi, l'orgueil est sauf.

Et d'ailleurs, le lendemain, les copains de beuveries s'interdisent bien de raconter à celui qu'ils ont raccompagné chez lui, dans quel état il était ni quel comportement dégradant il a manifesté : « Ce sont des choses qui ne se disent pas ». Mais entre eux, la mine réjouie, ils ne manquent pas de moquer celui qui n'a pas pu « tenir », qui s'est ridiculisé en public.

> *— Longtemps je me suis dit que je pouvais m'en sortir tout seul*
> *— Je m'arrête quand je veux !*
> *— Je n'ai besoin de personne pour me dire ce que je dois faire !*

Ces mots là, on les a entendus des dizaines de fois. On a assisté à un combat mortifère entre l'assurance que peut offrir l'alcool, et la nécessité de recourir à l'aide de quelqu'un. Car, s'il est sans doute admis que personne ne peut guérir d'autorité un malade alcoolique, la solution passe presque toujours par l'aide d'une tierce personne. Donc, pour arriver à demander de l'aide, il faut surmonter son orgueil et avoir l'humilité de souhaiter un secours, accepter de se faire aider, être capable de raconter son désarroi, même à des inconnus, au personnel soignant, ou dans un groupe d'anciens malades, par exemple. Nous pouvons mesurer là quelle dose de courage est nécessaire pour affronter l' « aveu » de sa propre humilité !

Après l'expérience du déni, rien n'est gagné. Après l'expression de son courage, il reste encore bien des épreuves, en particulier d'être capable de résister au « péché d'orgueil », de faire preuve d'humilité. La décision difficile à prendre de s'en sortir, d'arrêter de souffrir et de faire souffrir son entourage est fort louable en soi, et on peut sincèrement être très admiratif devant ceux qui en arrivent là. La force qui a poussé le malade à entrer dans une démarche de soins, qui semble améliorer l'image qu'il se faisait de lui-même, va se heurter à la nécessité d'être humble pour admettre qu'il ne peut y arriver seul : courage, force, estime de soi, ces notions pourraient être incompatibles avec la nécessaire humilité. Cette humilité sera, évidemment d'autant plus positive qu'un climat de confiance s'est instauré entre les intervenants. A ce stade, le climat de confiance peut se développer grâce à l'attitude bienveillante de l'entourage, et à ce titre, les personnels soignants, par leur savoir faire et leur savoir être, ont un rôle primordial à exercer. Dans cet ordre d'idée, l'environnement familial peut contribuer à établir un climat de confiance, par une attitude faite « d'intelligence du cœur », bien qu'il soit extrêmement difficile d'attendre de la famille une encourageante bienveillance, après des années de souffrance.

Une des grandes difficultés qui expliquent les échecs pourrait se situer dans ce domaine : l'incompatibilité entre les notions de courage, force, estime de soi, et l'humilité, la demande d'aide, la soumission aux soins médicaux.

Égotisme

Disposition à parler de soi, à faire des analyses détaillées de sa personnalité physique et morale.

Égocentrisme

Tendance à être centré sur soi-même et à ne considérer le monde extérieur qu'en fonction de l'intérêt qu'on se porte.

Égoïsme

Attachement excessif à soi-même qui fait que l'on subordonne l'intérêt d'autrui à son propre intérêt

Narcissisme

> Fixation affective à soi-même

De retour du centre d'alcoologie, de nombreux participants à nos réunions nous disent qu'on leur a demandé de rédiger, avec leurs mots, une sorte de cahier intime, dans lequel ils pouvaient tenter de s'analyser, de cerner les raisons personnelles qui les ont amenés à boire excessivement et/ou à se faire soigner. Cette introspection fait donc partie de la thérapie.

Jean-Michel nous a raconté, plusieurs années après s'être débarrassé de sa maladie, qu'il continuait à travailler sur lui-même, en faisant le geste de sortir de son ventre toutes les humeurs néfastes dont il doit continuer à se défaire. Alors qu'il est complètement abstinent, apparemment délivré de son envie de boire, de sa dépendance. Le besoin de se comprendre soi-même se fait toujours sentir. Être attentif à soi, se faire soigner pour s'en sortir soi-même, complètement.

> *Le juge, après mon retrait du permis m'a proposé de me faire soigner de mon alcoolisme pour récupérer le droit de conduire. Alors, je vais faire tout ce que je peux pour réussir.*
> **Didier.**

Pour Christian, lui, il avait le choix entre faire de la prison ou se faire soigner. A tout prendre, il a préféré ne pas aller en prison, alors, il se fait soigner.

Marcel, c'est pour garder sa femme qu'il est ici, quant à Monique, c'est pour récupérer la garde de sa fille.

Des motifs très sérieux sont évoqués par de nombreux participants. Qu'ils soient déjà dans une démarche de soin ou qu'ils soient au stade de l'interrogation, toutes ces personnes nous font planer un certain doute. C'est très louable de se trouver de bonnes raisons de se faire soigner, mais souvent, lorsque ces raisons sont liées à des déterminants hors de soi, nous nous attendons à voir revenir (quand ils reviennent) les malades pour une deuxième cure de soins ; et la recommandation que nous leur donnons est de ne penser qu'à soi : ils se doivent de décider d'entrer en démarche de soin afin de s'en sortir pour eux-mêmes. Si par bonheur ils parviennent à remettre de l'ordre et un peu d'harmonie dans leur vie à l'occasion de leur guérison, ils pourront considérer ce retour comme une retombée positive de leur démarche, car nous savons, nous, pour l'avoir très souvent vu et entendu que pour se faire soigner, il faut avoir une seule et bonne raisons : « S'en sortir pour soi et non pour les autres ».

L'injonction thérapeutique ou judiciaire, en soumettant la personne à l'obligation de soins fonctionne rarement.

J'avais perdu tous mes points du permis de conduire, à cause de l'alcool, et j'avais l'obligation de faire une cure si je voulais récupérer le sésame. Alors j'ai fait cette cure, qui s'est très bien passée, bonne ambiance, confort et tout ça... j'ai fait tout ce qu'il fallait... Le jour où on m'a rendu mon permis, je suis allé arroser ça avec mes potes, et maintenant je suis là, je refais le travail, et j'ai compris que ce qui est en jeu, c'est ma santé, ma liberté. J'espère que cette fois-ci, c'est la bonne, j'y compte bien !

Gérôme

Ce genre de discours, on l'a entendu dans la bouche de nombreux participants. L'obligation de soins, l'injonction judiciaire sont certes des armes que l'institution utilise pour se donner à elle-même le sentiment que quelque chose est tenté pour faire barrage aux dangers de la conduite en état d'ébriété ou palier les difficultés sociales ou familiales ; mais cette obligation joue très peu dans la réussite du traitement de la maladie alcoolique ; dans certains cas, l'échec qui s'ensuit permet de se rendre heureusement compte que rien n'y fait, qu'il faut reprendre les raisons, les vraies raisons, celles qui sont centrées sur soi et non sur un ordre extérieur. L'injonction thérapeutique ou judiciaire est souvent contreproductive ; au mieux elle contribue à faire couler quelques gouttes de plus dans le verre à déclic. La rechute, qui arrive le plus souvent après une pareille injonction, doit être considérée comme faisant partie de la thérapie, au sens où elle peut développer une nouvelle prise de conscience, augmenter la motivation. Au pire, le malade va développer, confronté à cet échec, une image de soi désespérante : « A quoi bon faire l'effort de se faire soigner, c'est inutile, ça ne marchera encore pas », surtout si dans l'entourage on s'ingénie à faire les reproches classiques au sujet du manque de volonté, de la faiblesse de caractère ou de l'inévitable rappel de l'hérédité.

Jean-Michel, après cinq cures, après avoir brisé son couple qu'il voulait à tout prix sauver avec la meilleure volonté possible, n'a pu enfin réussir sa thérapie qu'à partir du moment où il n'avait plus rien d'autre à sauver que lui-même.

Monique qui voulait se faire soigner pour récupérer sa fille, a rechuté et l'a reperdue, encore plus péniblement.

Bastien, qui voulait passer aux yeux de ses enfants pour quelqu'un d'estimable, a fini par n'y parvenir qu'après trois cures, la dernière lui ayant permis enfin de se recentrer sur sa propre santé. A-t-il trouvé qu'il était vain de se donner des motifs hors de lui ? Il a regagné l'estime de sa famille sans l'avoir vraiment cherchée, c'est venu tout seul, comme un avantage collatéral, un bienfait accessoire.

Jean-Michel n'a pas reconstruit son couple, il a retrouvé un certain équilibre, rencontré quelqu'un qui pouvait comprendre sa maladie et le soutenir.

Monique a retrouvé sa fille, sans l'avoir vraiment cherchée ; il a fallu du temps pour que cette dernière accepte sa mère avec sa maladie.

Mais, quand la motivation est là, que la guérison s'établit, tout n'est pas encore fini.

Guérir

Lors de certains soirs, la réunion prend des tournures de batailles d'experts. Certains membres, parmi les anciens se disent guéris : « Si l'alcoolisme est une maladie, alors on peut la soigner et on peut en guérir ».
Depuis plusieurs années, aucune appétence pour l'alcool ne se manifeste. Alors, quand on atteint ce stade on peut se considérer comme guéri. Plus de symptômes, plus d'envie, une santé normale, peut-être, comme tout le monde, certes avec des aléas, mais pour ce qui concerne l'alcool, c'est fini.

D'autres, tout aussi anciens, nous disent qu'ils ne peuvent pas prétendre à la guérison, puisque s'ils se permettent de boire, ne serait-ce qu'un seul verre, c'est la rechute assurée !

Comment trancher ? Impossible en vérité, car nombreux sont ceux qui après un nombre impressionnant d'années d'abstinence, sont repartis en galère après avoir bu un seul maudit verre, annonciateur d'une suite désastreuse.
Mais c'est Gilbert qui a mis tout le monde d'accord...

> *Admettons que je sois allergique à la fraise. Suis-je malade ? Non ! Tant que je ne mange pas de fraise ; mais je déclenche une crise qui peut-être très grave si j'en avale une seule. Alors je peux dire que je suis allergique à l'alcool. Mais je n'ai aucun symptôme de maladie.*
> Gilbert

Le concept de guérison, en alcoolisme reste difficile à expliciter. Ici, il est question de permettre à chacun de conserver sa détermination aussi ferme que possible, alors certains ont besoin de se dire malades, de n'être jamais guéris, c'est cela qui les renforce : « Jusqu'à maintenant, je tiens, demain je ne sais pas ce qui peut m'arriver ! » Ce rappel quotidien de la maladie leur permet une vigilance de tous les instants. D'autres, au contraire se prétendent guéris, ne se considèrent pas en danger, et c'est ce qui les détermine.

> *Je sais que je ne dois plus y toucher, donc, têtu comme un âne, je n'y toucherai pas ! Pas besoin de réfléchir, de se torturer chaque jour, quand c'est non, c'est non !*
> Yvon

Et ainsi, dans notre groupe, nous décidons que chacun, selon sa personnalité a le droit de se considérer comme guéri ou au contraire jamais sorti d'affaire, du moment que cette affirmation l'aide à conserver sa détermination.

La rechute

Sébastien vient nous dire qu'il avait raccompagné ses enfants au train, pour les confier à leur mère dont il était séparé. C'était un dimanche, à la gare ; après un dernier salut à travers la fenêtre du wagon, il s'est dirigé vers le buffet de la gare, avec l'intention de commander un café, et il s'est entendu demander une bière au serveur. La demande était machinale, et il n'a pas pu moins faire que de boire son verre. Par chance, il est venu le dire très vite au groupe, et il n'a pas rechuté : sa volonté de boire n'était pas manifeste, et heureusement, le fait de l'avoir raconté l'a mis, semble-t-il, à l'abri d'un accident de parcours. On reste persuadé que s'il n'était pas venu se confier, humblement, courageusement, il courait un grand risque de rechute.

La rechute et le faux pas

En comparant le parcours du malade en démarche de soin à un amateur d'escalade, on peut se servir d'une image sportive. Le malade est le grimpeur, son but est d'atteindre le sommet de la paroi symbolisant sa victoire contre sa maladie. Avec lui l'assureur est là pour le soutenir, l'encourager, lui donner confiance, l'empêcher de se faire mal. L'assureur tient le grimpeur par la corde. C'est le grimpeur qui fait tous les efforts, qui se fait peur, qui cherche ses prises à l'aveugle parfois. L'assureur peut, dans une démarche empathique et par souci d'aider à la réalisation de la progression, se permettre de lui indiquer où se trouvent certaines prises, certains pièges, sans pour autant pouvoir se mettre à la place de son ami, mais simplement parce qu'il a déjà fait cette voie, ou qu'il voit sous un autre angle comment elle se présente. Mais c'est le grimpeur qui empruntera telle ou telle direction, qui ira vite ou prudemment, qui prendra des risques. Les risques sont toutefois relatifs, dans la mesure où il est sécurisé, soutenu par son ami.. Mais dans la tête du grimpeur, donc, la crainte demeure, et parfois, c'est la chute, chute de quelques dizaines de centimètres souvent, selon la vigilance de l'assureur, et le grimpeur se retrouve pendu à son baudrier, à la merci de son copain en qui il doit faire une confiance absolue, et il n'a plus qu'à reprendre son ascension, tranquillement, jusqu'au sommet, en tâchant de corriger la petite erreur qui a provoqué le dérapage.

Notons malicieusement que si le grimpeur s'apprête à se lancer un peu imprudemment vers une prise risquée, il crie « sec ! » pour demander à son copain de tendre un peu la corde et de se préparer à faire parade à une éventuelle chute. Observons également que le grimpeur demandera, plus calmement, « du mou »…« du moût ?! » (moût : jus de raisin qui vient d'être exprimé et qui n'a pas encore subi la fermentation alcoolique) lorsque la corde qui est censée garantir sa sécurité est trop tendue et qu'elle le gène, signe que l'assureur est plus inquiet que le grimpeur, qu'il paraît peu confiant en la capacité de son ami à gérer sa progression, son risque !

Ce type de chute sans conséquence, c'est ce que peut subir le malade alcoolique en démarche de soin : c'est lui qui fait son parcours, c'est lui qui a peur, c'est lui qui peut faire un faux pas, et son copain qui est déjà passé par là, s'il est un ancien buveur, ou qui, en tant que soignant spécialisé, connaît la démarche à suivre, est là pour le rassurer ; ce petit incident est à prendre comme une information salutaire : la conviction que tout n'est pas gagné parce qu'on est resté plusieurs jours, plusieurs semaines plusieurs années sans consommer ; savoir que la détermination à rester vigilant, à ne pas baisser la garde doit demeurer ferme.

Dans tous les cas, venir raconter sa mésaventure à ses compagnons dans l'association, fait partie de l'entreprise de salubrité. La pire chose qui puisse se passer, serait de ne pas venir témoigner de sa défaillance, de crainte d'être mal jugé. Les compagnons sont tous passés par là, et s'ils en sont sortis, c'est parce qu'ils ont été aidés à garder leur motivation intacte.

Gérard, un jour est venu nous dire qu'il avait mangé un bonbon fourré d'alcool, par inadvertance. Il a recraché le bonbon dès qu'il s'est aperçu de son erreur, mais malgré tout, il en avait avalé un peu, et il craignait la rechute. Bien sûr, il venait nous raconter ça pour gommer ses inquiétudes, ce que le groupe a fait sincèrement et avec bienveillance… Il n'avait pas consommé d'alcool volontairement.

Gilbert, un ancien qui a connu les pires moments de la maladie, qui avait failli perdre la vue à cause de l'alcool et qui non seulement s'en est sorti, mais faisait partie des plus motivés du groupe, toujours prêt à faire autant de kilomètres que nécessaire pour aller chercher un malade en détresse, nous dit un jour que si on l'attachait sur une chaise et qu'on lui enfournait un entonnoir dans la gorge pour y verser de l'alcool, cela ne pourrait pas le faire rechuter, car cet alcool, il ne l'aurait pas pris volontairement

Parmi les assistants aux réunions, il nous arrive souvent d'accueillir des membres fraîchement sortis de cure. Ils se sentent forts, ils ont bien supporté le sevrage, ils ont reçu toutes les informations concernant les obstacles qu'ils risquent de rencontrer, ils ont reçu leur « boite à outils » et pourtant, ils nous racontent qu'un jour, ils ont été tentés de boire un verre : la situation était exceptionnelle, un mariage, une fête de famille, la crainte de faire savoir à leur entourage qu'ils ne buvaient plus, « d'avouer » aux autres qu'ils ont eu un problème d'alcool, bref, ils ont bu un verre, comme ça, un seul. Le lendemain, ou quelques jours plus tard, constatant que cela ne leur avait rien fait de bien méchant, pourquoi ne se seraient-ils pas permis d'en boire un autre, tout en gardant l'intention de rester modérés dans leur consommation ? Un seul, et tout s'est encore bien passé. Puis, insidieusement, l'expérience s'est répétée, les doses ont augmenté et la galère est vite revenue… pire qu'avant nous disent-ils. Quinze jours suffisent, la plupart du temps, pour retrouver le même niveau de dépendance. Ce genre de rechute, bien plus grave que le faux pas décrit plus haut, nécessite de reprendre tout depuis le commencement du traitement : sevrage, hospitalisation, post-cure ou soins ambulatoires.

Tout en sachant que la rechute peut faire partie du traitement, nous tenterons toujours de l'éviter, en aidant le malade à travailler sur sa motivation. Bien sûr, tous les conseils, les admonestations, les recommandations ne serviront à rien si la personne n'est pas réceptive, si elle ne fait pas preuve d'une certaine humilité. Alors, la présence des anciens, doit jouer son rôle : l'exemple. Chaque malade trouvera dans le groupe celui ou celle en qui il reconnaîtra une sorte d'alter ego. Et si la situation ne se présente pas comme désespérée, une nouvelle démarche de soins pourra être envisagée… et cela autant de fois que nécessaire.

Le trépied thérapeutique

Nous voyons chaque jour combien les réunions sont importantes pour aider les malades à maintenir leur vigilance, à garder leur détermination, à stimuler leur motivation. Mais la thérapie ne se tient pas là seulement, loin s'en faut. Nous considérons que la démarche thérapeutique tient sur trois pieds qui agissent en trois temps successifs :

— avant les soins
— l'intervention médicale
— après les soins.

Et l'expérience nous pousse à prévoir l'échec thérapeutique si un seul des trois temps fait défaut. Dans l'attente de structures nouvelles à inventer, il nous faut admettre que les associations d'anciens malades ont tout à fait un rôle déterminant à jouer dans deux de ces trois parties.

Avant les soins

Les associations d'anciens malades alcooliques peuvent et doivent développer l'information auprès des malades qui sont dans le déni : afficher leur brochure dans des lieux tels que les salles d'attente des médecins, la salle de réunion du comité d'entreprise. Faire savoir par tous les moyens possibles qu'il existe des solutions : spots de prévention et d'information sur la maladie et les lieux de soins, manifestations, improvisations et jeux théâtraux, récits, films, documentaires etc.

Auprès de l'environnement du malade, il est également possible d'intervenir afin de parfaire l'information sur ce qu'il faut faire ou ne pas faire quand on veut aider quelqu'un à prendre conscience de son problème : laisser « traîner » une brochure dans le salon, aller ostensiblement à une réunion d'anciens alcooliques et faire comprendre que dans le foyer, s'il y a un malade alcoolique, c'est le foyer tout entier qui est malade de l'alcool et qui nécessite des soins ou une attention particulière.

Si le malade a dépassé le stade du déni, il souffre donc de son alcoolisme, il n'en peut plus et ne sait pas comment tenter de s'en sortir. À qui se confier ? L'entourage est aussi affecté que lui. Quelques solutions s'offrent à lui, à eux : contacter un centre de prévention et/ou de traitement de l'addiction, voir avec son médecin comment se prendre en charge, approcher une association d'anciens buveurs. Si la personne est passée du stade de « je voudrais m'en sortir… » à celui du « je veux m'en sortir ! », alors il lui sera facile de trouver des adresses : dans chaque ville de moyenne importance, il existe des agences de lutte contre l'addiction, des groupes de réflexion et de dialogue sur le problème qui la concerne. Les centres d'alcoologie ont pignon sur rue et sont faciles à contacter. À tout cela peuvent s'ajouter, aujourd'hui, les réseaux sociaux et autres forums de discussion.

Dans ce contexte, les anciens malades membres des mouvements d'anciens buveurs, sont prêts à rencontrer la personne et l'aider à comprendre ce qui peut se passer, faire naître l'espoir d'une sortie de galère. Bien sûr, l'intervenant, membre d'une association se présente comme étant l'exemple vivant d'une réussite, ce qui lui confère une certaine force de persuasion. En invitant le malade à assister aux réunions, on peut souvent provoquer une rencontre salutaire : l'écoute des autres personnes, permet souvent de croiser son d'alter ego dont le parcours est similaire au sien, et le malade commence à se dire que si celui-là, celle-là, qui a connu les mêmes difficultés que lui, s'en est sorti, alors il y a quelque espoir. La bienveillance, l'attitude amicale, le dévouement, et un certain savoir faire, teinté de patience et de savoir être, le jeu en miroir avec cet autre soi-même, tout cela peut permettre au malade de développer sa motivation.

> *Je suis venu aux réunions pendant deux ans sans me décider à engager une démarche de soins, ça m'a permis de faire mon cheminement.*
> **Pascal**

Une seule cure a suffi pour lui.

Le but des associations d'anciens malades de l'alcool, de quelque obédience qu'elles soient, demeure identique : aider la personne à se déterminer et à cultiver sa motivation, sachant que tout est vain tant qu'il n'y a pas un véritable désir de s'en sortir, tant qu'existe le déni, tant que seule la velléité fait office de volonté. Il existe bien sûr en France un grand nombre d'associations d'anciens buveurs. Certaines sont d'appartenance religieuse, d'autres sont d'origines corporatistes ou encore complètement indépendantes de toute influence. Chacune agit à sa manière, plus ou moins dirigiste, faisant appel à des concepts laïcs ou non. Il est rarement question d'argent, et la plupart du temps, aucune cotisation n'est réclamée pour pouvoir bénéficier du soutien du groupe, certaines fois même, c'est le malade lui-même qui doit réclamer le droit d'adhérer et de payer sa carte, laquelle n'est accordée que s'il est bien engagé dans sa démarche de soin.

La teneur des réunions varie selon la personnalité des membres participants, mais toutes sont animées d'une forte détermination à aider les personnes en souffrance.

Le rôle de l'association d'anciens buveurs est donc primordial pour lutter contre le déni, provoquer le déclic, préparer la personne à entrevoir la suite des événements, les différentes façons de s'en sortir, saisir le moment opportun pour s'inscrire dans une démarche de soins. Nous avons pu constater qu'une inscription en cure amène souvent à l'échec des soins si la personne n'est pas suffisamment préparée. Le « leitmotiv » entendu souvent dans les associations ou dans les centres de soin est : « Allez voir une association d'anciens buveurs, n'importe laquelle, changez-en si l'une ou l'autre ne vous convient pas, mais allez-y. »

Bien entendu, à ce stade là, les associations d'anciens buveurs ne prétendent pas être les seules à pouvoir aider au succès de la thérapie : dans chaque grande ville il existe des organismes qui fonctionnent de façon ambulatoire, des centres hospitaliers, des services de lutte contre les addictions, ou tout autre moyen de préparer la personne à entrer de manière optimale en soins. Ce premier pied de notre trépied thérapeutique, pour indispensable qu'il soit, n'agit évidemment pas seul.

L'intervention médicale

Nous rencontrons souvent des personnes qui ont fait une cure sous la contrainte ou même tout simplement pour faire plaisir à quelqu'un, obéir, sans trop y croire, pour échapper à la justice, et très souvent cette première cure est suivie d'un échec.

Sorti de l'hôpital, la première chose que j'ai faite a été d'aller arroser ça !
Fabrice.

Fabrice croyait qu'il suffisait de passer par les soins pour être définitivement débarrassé du problème ! Est-ce à dire que cette cure n'a servi à rien ? C'est ce que pas mal de détracteurs affirment. Ils récitent que «qui a bu boira», qu'il est inutile de perdre du temps et de l'argent public pour des gens qui n'ont aucune volonté, qui ne savent pas se contrôler…

Au contraire, une première cure qui échoue, quelle qu'elle soit : ambulatoire ou en hospitalisation, a permis d'ajouter quelques gouttes dans le verre à déclic qui n'avait pas encore débordé au moment de la première intervention médicale. Nous voyons assez souvent des personnes qui sont à leur troisième ou quatrième cure, voire davantage, et les échecs sont souvent dus à une préparation insuffisante. Dans certains centres d'alcoologie, la demande d'entrer en soins (sous prétexte de manque de place), doit être faite plusieurs fois : la personne doit, par exemple, rappeler le centre chaque semaine pour demander s'il y a une place vacante. Ce procédé permet sans doute de mesurer l'impatience ou la motivation de la personne, et de garantir quelque peu les chances de succès de la cure future, il se trouve qu'accessoirement, l'image du centre peut jouir ainsi d'une réputation flatteuse, laquelle réputation fait en retour partie intégrante de la réelle réussite.

Il ne nous appartient pas ici de faire des commentaires quant aux services de soins en alcoologie. Mais nous devons souligner qu'il demeure un certain pourcentage de récidives, parfois dès la sortie, souvent quelques semaines après les soins. Ceux qui s'en sont finalement sortis viennent raconter leur parcours de soins en disant...

> *J'ai fait une cure à tel endroit, ça n'a servi à rien, je ne m'y sentais pas bien, je n'ai pas apprécié l'attitude du docteur ou l'ambiance... C'est ma deuxième cure ou ma troisième, ailleurs qui a été la bonne.*

Il en va des centres d'alcoologie, comme des associations d'anciens buveurs : tous sont animés de la même détermination à réussir, mais dans le domaine des relations humaines, le contexte joue énormément : tel soignant peut être accepté sans problème par tel malade, et rejeté sans ménagement par tel autre. Un échec dans tel centre de soins ne préjuge pas d'un échec dans un autre centre, ou dans le même centre à un autre moment. Parfois il suffit de changer de médecin pour assurer la réussite. Est-ce à dire qu'il existe des bons et des mauvais médecins ou des bons et des mauvais centre d'alcoologie ou encore des bonnes ou des mauvaises méthodes ? Il nous semble bien que la réussite tienne essentiellement en la personne du malade, sa motivation, son désir sincère de s'en tirer, son humilité face aux recommandations, aux conseils et aux soins qui lui sont prodigués.

Souvent, dans nos réunions s'amorcent quelques interrogations quant à la méthode thérapeutique : faut-il forcément faire une cure en hospitalisation, en ambulatoire, une post-cure ?

Daniel ne jure que par la post-cure. Il a fait plusieurs centres d'alcoologie, rien n'y a fait, à chaque fois c'était la rechute, jusqu'au jour où on lui a proposé une post-cure de trois mois. Le principe est simple, on vit en groupe, on est soigné, on fournit un certain travail (souvent manuel), on participe à la vie et à l'animation d'une collectivité ; une assistante sociale aide à la réinsertion en préparant le retour à la vie ordinaire. Daniel vit tout seul, personne chez lui pour l'aider, le soutenir dans sa démarche. Sa désocialisation due à de nombreuses années d'alcoolisation ne lui permettait pas de s'insérer facilement, surtout qu'il n'avait pas de travail au sortir de ses trois cures en hospitalisation. Les soins en post-cure, viennent, par définition, après une cure, même si celle-ci a échoué, cela est à négocier entre le malade est le soignant, et donc dans certains cas très précis la réussite est tout à fait possible.

Si le malade est inséré normalement dans la société, s'il a un emploi qui lui convient et dans lequel il peut s'épanouir, s'il jouit d'une famille aimante, prête à le soutenir, si sa motivation est ferme mais qu'il ne peut se permettre une perte de revenus pendant une trop longue période (en général, une cure en hospitalisation dure 3 ou 4 semaines), alors et cela toujours en négociation avec le personnel soignant, la cure ambulatoire peut amplement réussir. Un contact régulier est programmé par le médecin en connaissance de cause : la personne a-t-elle déjà fait une cure ? Est-elle bien au fait de tout ce qui a été déjà travaillé en centre ? Le suivi régulier, sans hospitalisation, a parfaitement réussi à Fabien : son épouse l'accompagnait à chaque visite, sans assister à l'entretien. Elle l'accompagnait également lors des réunions de l'association, et là elle ne se privait pas d'intervenir, tant aux réunions des malades qu'à celles réservées aux conjoints.

Nombre de malades, après avoir bien réussi leurs démarches de soin éprouvent la nécessité de revoir leur médecin, leur infirmier(ère) référent(e). Ils vivent cela comme « une piqûre de rappel ». Cela, disent-ils les aide à maintenir leur détermination, à ne pas baisser la garde, à continuer à faire le point, appréhender encore et encore ce qui fait qu'un jour ils sont tombés en alcoolisme. À voir et entendre la façon dont ils s'expriment en réunion sur le sujet, on peut deviner la fierté qu'ils développent, à juste titre, de s'être sortis de toutes ces galères. On peut donc imaginer que ce sentiment, ils le partagent avec les soignants, lesquels doivent vivre ces moments comme une reconnaissance chaleureuse de leur action.

Après les soins médicaux

Selon notre concept du trépied thérapeutique, tout ce qui se passe après les soins médicaux fait aussi partie intégrante, et à parts égales, de la réussite. Plusieurs témoignages convergent et nous disent l'importance d'avoir préparé la sortie de cure.

C'était ma première cure, tout s'était bien passé, mais je n'avais pas préparé la sortie, et donc ça n'a pas traîné, j'ai repris à boire très vite, nous dit souvent Fabrice. Le malade vient de passer quelques semaines dans un confort, un « cocon » disent-ils :

On se sent fort, on n'a pas bu d'alcool pendant tout ce temps, et cela sans éprouver la moindre envie, on est bien dans sa tête, bien dans sa peau, bref, tout va bien, on se sent guéri.

C'est fini, tout va bien, croit-on, et parfois, comme pour se prouver que rien ne peut arriver, on tente de reprendre un verre, et bien sûr, ce verre n'en a pas appelé un deuxième… c'était juste pour voir…et la preuve, on a pu tenir sans rechuter… Sauf que selon les expériences dont nous sommes témoins, s'il n'y a pas rapidement une demande d'aide, les personnes retombent, dans un laps de temps variable, mais relativement bref, dans une consommation excessive et retournent en dépendance.

Certains thérapeutes semblent dénoncer le mythe, le dogme de l'abstinence totale, et envisagent la possibilité de permettre au malade dépendant de reboire modérément. Des médicaments pourraient agir sur l'appétence, le désir irrépressible de consommer ; soit ! Il se trouve qu'en plus de 28 ans de présence au sein de notre association, nous n'avons jamais connu quelqu'un, rencontré une seule personne dépendante, qui se soit remise à boire sans retomber assez rapidement dans la galère classique.

Ecartons le soupçon qu'un certain nombre de lobbies seraient satisfaits d'une telle configuration : les alcooliers ne perdraient pas leur clientèle, et les laboratoires seraient assurés de vendre leur molécule à environ trois millions de personnes en France (combien dans le monde ?), pendant des siècles. Pour nous, nous constatons qu'on peut vivre très bien (et même mieux) sans alcool, que ce produit n'est en rien indispensable pour assurer une santé physique, psychologique ou sociale de bon aloi. L'idée que le malade doive s'impliquer très activement dans sa démarche personnelle pour s'en sortir, qu'il soit le moteur de son combat, le responsable de sa réussite, nous convient parfaitement. On sait que la médecine fait d'extraordinaires progrès dans le domaine des addictions, même si aujourd'hui on n'atteint pas encore un taux de réussite vraiment satisfaisant. Mais aura-t-on construit une humanité digne, si quelques pilules prises chaque jour, suffisent à régler les problèmes : « Je mange trop, alors pour ne pas grossir, pour préserver ma santé, je prends des coupe-faim. Je suis dépendant de l'alcool, alors je prends des coupe-soif ! ». La pharmacologie fait, elle aussi, de gros progrès, inventeronsnous un jour le médicament qui permettra de lutter contre la dépendance aux médicaments qui traitent de la dépendance ?...

Aujourd'hui, dans notre milieu, le troisième pied thérapeutique peut agir efficacement et permet au malade de ne pas rester passif face à sa maladie, d'être fier de sa réussite, et l'association d'anciens buveurs est là pour le conforter dans son attitude, veiller humainement et amicalement, fraternellement sur lui, lui permettre de vivre sa destinée en toute liberté. Et si le malade, à son tour s'implique dans l'aide aux autres compagnons, alors sa fierté sera encore plus légitime.

... qui pose question

Lors de nos multiples réunions, un grand nombre de questions nous sont posées. Ceux qui les posent sont très souvent des malades en cours de cure. Parfois, ce sont des « anciens » qui s'interrogent, ou encore des personnes en quête de conseil, d'information sur cette maladie, qui cherchent à comprendre ce qui leur arrive, à eux, à leur compagnon, à leur enfant. Les réponses qu'ils obtiennent font référence à du vécu : ici, on parle par expérience. Certaines fois, les réponses se transforment en conseils du genre : « Moi je m'en suis sorti en faisant telle ou telle chose, et si tu veux t'en sortir, c'est comme ça qu'il faut faire ! ».

Ce genre d'intervention est rapidement corrigé par ceux qui ont un peu d'expérience et qui précisent qu'il y a des façons absolument personnelles de tomber en dépendance et qu'ainsi, il y a une façon toute personnelle de s'en sortir.

Nous constatons que chaque cas est un cas particulier, et nous ne sommes pas légitimes pour intervenir dans les procédures de soins. Toutefois la redondance de certaines réponses nous autorise à produire quelques généralités…

Les conseils

Opinion donnée à quelqu'un sur ce qu'il convient de faire : admonestation, avertissement, avis, exhortation, incitation, instigation, proposition, recommandation, suggestion, guidance.

« L'expérience instruit plus sûrement que le conseil. »
André Gide, 1869-1951

« On donne des conseils, mais on n'inspire point de conduite »
François de La Rochefoucauld, 1613-1680

Tout d'abord, admettons qu'un conseil ne sera pas entendu, compris, écouté s'il n'a pas été demandé. À la rigueur pourrions-nous dire que selon l'autorité (reconnue par l'auditeur) de la personne qui le prodigue, l'écoute sera plus ou moins efficace : qu'un médecin généraliste demande à son patient de réduire sa consommation, alors que son malade est dépendant à l'alcool, et que le médecin lui-même est réputé être un bon vivant dont les diagnostics sont toujours justes, à condition qu'ils soient établis dans la matinée…Quelle chance peut avoir ce conseil d'être écouté et encore davantage suivi ? Si le conseil ou l'ordonnance produits par le psychiatre alcoologue, responsable du centre de soins spécialisés, si l'auditeur est une personne en démarche de soins, motivée, désireuse de s'en sortir, nous aurons quelques chances de constater une bonne observation des conseils et recommandations, surtout si le demandeur est capable d'humilité devant la compétence du professionnel !

Pour ce qui est de la légitimité des associations d'anciens alcoolodépendants, nous demeurerons prudents. Parmi les adhérents, nous trouverons toujours des anciens, absolument persuadés de détenir une certaine vérité, fiers de leur réussite, et cela avec juste raison, qui savent ce qui a marché pour eux et qui pensent que c'est là la méthode infaillible pour réussir leur combat. Alors que d'autres se présentent avec plus de discrétion, et vont avancer des recommandations assorties des précautions d'usage.

> *Ce que je dis-là, c'est ce qui a marché pour moi, mais chaque cas est particulier, et c'est à toi de voir ce qui te convient, ce qui peut t'aider.*
> **Pascal**

Pascal, un ancien qui ne consomme pas d'alcool de puis plus de 20 ans, qui force le respect, et dont on sait qu'il est prêt à répondre présent à n'importe quel moment si quelqu'un a besoin d'aide.

Héritage ou hérédité ?

> ❝❝ *Mon grand-père, ainsi que mon père étaient alcooliques, si je bois, c'est que j'ai hérité de cette maladie, je n'y peux rien.*

Comme le disait Hervé, d'un air qui le poussait à admettre son incapacité à réagir.

> ❝❝ *Moi aussi, j'ai une mère qui buvait, qui en est morte d'ailleurs, et pourtant, mes oncles et tantes n'étaient pas malades de l'alcool. Je ne sais pas si parmi mes autres ascendants, il y avait beaucoup d'alcooliques.*

« Les ivrognes engendrent des ivrognes »
Robert Burton, 1577-1640

La chose était établie, il n'y avait pas de doute, les pères (ou les mères) alcooliques devaient obligatoirement déverser des lignées d'ivrognes, de bois sans soif, d'alcoolos. À tel point que des régimes totalitaires s'organisaient pour tenter de faire disparaître toute cette lie de l'humanité. « Puisque c'est héréditaire, à quoi bon tenter de sauver ces gens ! »

Il se trouve qu'aujourd'hui, des travaux récents et/ou en cours nous autorisent à considérer que certes, il y aurait des gènes favorisant les addictions, par une sorte d'appétence pour le plaisir, une tendance à amener la personne à reproduire les situations agréables, à permettre au système endocrinien de déclencher une recherche éperdue de consommation, de pratiques particulières telles le jeu, la prise de risque, la « défonce » ou bien encore le travail acharné, la pratique sportive à outrance etc. Tout cela peut nous permettre de penser à une inéluctable hérédité, et pourtant...

Lorsqu'Hélène nous disait qu'elle n'était pas certaine de posséder ce bagage génétique, mais qu'elle sentait bien qu'à chaque fois qu'elle buvait, même modérément, elle ressentait comme une pulsion en elle, nous pouvons douter de l'inéluctabilité de la détermination héréditaire, puisqu'elle ajoutait qu'étant bien informée des risques qu'elle encourait, par le spectacle de son père malade alcoolique, elle a eu la bonne idée de venir en réunion, pour apprendre l'abstinence. Donc, si on peut hériter des gènes de nos ascendants, on n'y peut rien, mais on peut toujours refuser cet héritage, en toute connaissance de cause.

L'abstinence totale et définitive ?

Voilà une expression couperet : s'il y a dans l'auditoire des malades, plutôt jeunes, aimant faire la fête, auxquels l'alcool procure une sensation de bien être, d'assurance et d'estime de soi, alors nous constaterons qu'ils fuient les réunions et qu'on ne les reverra plus. Ils ont vécu par et pour l'alcool, ce produit les a dominés, il est le centre de leur vie, et on leur demande de tourner le dos à tout ça ! Au contraire, après des années de galère, de souffrances, de dégâts produits sur leur entourage, le malade est peut-être prêt à entendre cela : il a suivi la formation au centre d'alcoologie, il possède sa « boite à outils », et il a déjà fait l'expérience du sevrage, il est capable de comparer ce qu'était sa vie avec alcool avec cette vie déjà entrevue sans alcool.

Et pourtant, nous l'avons déjà constaté à plusieurs reprises, la personne dépendante de l'alcool devra s'en tenir définitivement à une abstinence à vie si elle tient à conserver sa liberté. Certes ce produit paraît inoffensif s'il est consommé avec une grande modération, il fait partie de notre vie, de notre civilisation ; ses bienfaits sociaux et culturels sont reconnus, il contribue à produire un certain art de vivre, sauf pour celui ou celle qui n'a pas la chance de posséder ce bagage génétique, celui qui l'écarte naturellement de la dépendance.

Alors nous prenons garde de ne pas faire fuir très vite, les personnes qui ne sont pas prêtes à entendre ce discours. Et pourtant, en l'attente d'autres découvertes sur la génétique qui est probablement en cause ici, nous restons persuadés qu'une abstinence totale s'impose.

La volonté ?

Faculté de vouloir, de se déterminer librement à agir ou à s'abstenir, en pleine connaissance de cause et après réflexion.

« Le principe de toute action est dans la volonté d'un être libre »
Jean-Jacques Rousseau, 1712-1778

Martial qui a dû s'y prendre à cinq fois avant de décider enfin de stopper sa consommation nous dit très souvent :

> *J'ai fait 5 cures, j'ai failli ruiner mon ménage, perdre mon boulot. Je travaillais dans des gros chantiers à l'étranger. Chaque jour je pouvais provoquer des accidents au poste que j'occupais. Jusqu'au jour où j'ai vu mes camarades convoqués sur un chantier très bien payé, et moi on m'avait oublié.*
> *C'est bien plus tard qu'on m'a fait comprendre que ma réputation de fêtard était remontée jusqu'à la direction. Toutes ces cures, bien qu'elles se soient bien passées, ne m'ont jamais soigné complètement, jamais empêché les rechutes, de plus en plus désespérantes. La véritable motivation n'y était toujours pas. C'est un médecin, un jour, qui m'a diagnostiqué du diabète, et là j'ai eu bien peur.*
> *C'est ce jour là que j'ai vraiment décidé d'arrêter de boire. Toutes ces cures, tous ces soins n'ont pas réussi à me déterminer, toutefois, j'y ai appris tout ce que je devais savoir sur cette maladie, sans déclencher le fameux déclic.*
> *Seule la perspective d'une maladie grave m'a bousculé, la*

peur a fini par vraiment me motiver et sans aucune autre aide médicale, j'ai affirmé au médecin qu'à partir de ce jour, je ne toucherai plus à l'alcool. Et depuis, voilà plus de quinze ans, pas une seule goutte. Et je mène une retraite heureuse, fier de ce que suis devenu, fier de pouvoir m'occuper de mes petits enfants avec la confiance de tous les miens.

Martial

Il rajoute à son histoire qu'il est têtu comme une mule et que rien ne pourra le faire changer de comportement. Il n'a plus peur de rechuter, il connaît les enjeux quant à sa santé, sa vie familiale, sa responsabilité. Il a développé une volonté ainsi qu'une obstination remarquables. C'est à ce moment que peut intervenir la volonté, associée à une vigilance de tous les instants. Autant il nous semble vain de faire appel à la volonté pour amener un malade dépendant à se faire soigner, autant, après qu'il eût mûri sa motivation, réussi son sevrage, il lui faudra mettre en jeu une volonté de fer dont il est devenu capable à ce moment-là. Refus obstiné de consommer la moindre quantité d'alcool.

Notons que Martial, depuis ce déclic provoqué par un médecin, n'a pas eu besoin de faire une sixième cure. Les cures précédentes avaient été subies sans une véritable motivation, mais elles avaient laissé des traces : il avait tout compris de cette maladie. Sa volonté a fait le reste, pour la suite.

Le retour de la confiance ?

Il arrive très souvent que des malades fraîchement sortis d'affaire nous posent la question du retour à la maison, du retour de la confiance des proches : conjoint, enfants, amis, patron ou collègues de travail.

> *Je sais que j'ai été un boulet pour ma femme, que ça a duré plusieurs années faites de promesses, de bonnes résolutions. Je sais qu'à chaque fois je ne pouvais pas réussir à m'arrêter de boire ni même à réduire ma consommation, mais maintenant, j'ai fait le nécessaire, je ne touche plus une seule goutte d'alcool, et je vois toujours dans l'attitude de ma femme, dans ses regards, qu'elle se méfie. Elle va même jusqu'à venir me renifler, si par hasard j'ai un peu de retard, au retour du boulot. Je suis complètement clean, et ça me révolte de subir cela.*
>
> **Fabien**

Le malade est bien conscient qu'il a fait de gros efforts, il mérite la reconnaissance de tous pour ce qu'il a fait en se jetant dans la thérapie, et pourtant, la méfiance de l'entourage mettra parfois de longues années pour s'estomper... « Qui a bu boira... » est un adage qui a la vie dure !

Alain, déjà ancien dans l'abstinence nous a surpris un beau soir.

> *L'autre jour, ma femme est montée en voiture, à côté de moi et m'a dit d'un ton sec : « Mais ça sent l'alcool là dedans ! » Evidemment il n'y avait pas une seule goutte d'alcool dans la voiture et bien sûr je n'avais pas bu. J'ai été tellement vexé que ce jour-là j'ai failli me dire à quoi bon faire tous ces efforts si c'est pour en arriver là ! Et j'ai eu peur du doute qui venait de m'envahir.*

Alain

Après enquête, il s'est avéré qu'Alain avait actionné le lave-glace du pare brise, c'était le liquide qui avait laissé flotter cette odeur suspecte. L'épouse d'Alain, malgré la grande détermination de son mari avait gardé le nez fin, la méfiance encore là, et il s'en est fallu de peu que les problèmes resurgissent et empoisonnent leur couple.

Pour Pascal, ce sont ses enfants qui le chagrinent : il voudrait bien qu'ayant grandi, ils lui reconnaissent qu'il n'est plus celui qui n'était jamais là quand on avait besoin de lui. Ce père qui n'était jamais fiable, le plus souvent vautré dans son canapé, hébété, à qui on ne pouvait pas demander une aide aux devoirs, un encouragement, un geste d'affection, ce n'est plus lui ! Oh ! Il n'était jamais violent, seulement absent. Aujourd'hui, il sait se rendre disponible et pourtant…

> *Encore aujourd'hui, je sens bien qu'ils n'ont pas l'air de se réjouir de mes efforts. Ils ont passé la trentaine, ils connaissent ce qu'est cette maladie, et je sens bien qu'ils m'en veulent encore.*

Pascal

La réponse est invariablement la même, pour Alain comme pour Pascal :

> *Tu as complètement chamboulé leur existence, ça a duré des années pour installer ce climat. S'ils t'aimaient avant de vivre ce calvaire, ils ont vite déchanté. Ils ont assisté aux conflits, aux drames familiaux, aux ennuis judiciaires, parfois au manque d'argent...*
> *Ne t'attends donc pas à ce que la confiance revienne comme ça d'un claquement de doigts. Arme-toi de patience, sois tolérant et continue ton chemin. L'équilibre reviendra sans doute, mais il faut du temps. Puisque nous sommes en présence d'une maladie, alors à force de soins et d'encouragements, l'entourage finira bien par admettre que tu es fiable.*
> *Peut-être que si tu arrives à les faire venir à l'une ou plusieurs de nos réunions, ça les aidera à mieux comprendre le fait de la maladie... On ne peut pas en vouloir indéfiniment à quelqu'un d'être malade. Et même s'ils sont bien informés, on ne peut les empêcher de redouter, comme nous tous, la rechute.*
> *Alors patience et vigilance !*

Encore une fois il s'agit de faire preuve d'une sorte d'égotisme : ne pas se faire soigner pour plaire aux autres, mais pour soi, et si les autres ne comprennent pas il faut persévérer dans une attitude personnelle : la volonté dont il faut faire preuve pour demeurer abstinent finira par gagner l'estime et l'affection de l'entourage...patience. Si le retour de la confiance des proches n'est plus exigible, un climat apaisé peut toutefois s'instaurer, et si par bonheur la confiance revient, il faut s'en réjouir et considérer cela comme une retombée positive due à la démarche personnelle, volontaire, obstinée, de continuer à demeurer libre face à l'alcool.

Et la confiance en soi ?

> *Là, maintenant, je vais bien, je viens de sortir de soins, mais demain, comment je vais réagir devant toutes les sollicitations du quotidien ? Je n'en sais rien ! J'ai bien peur de n'être pas capable de tenir le coup.*

Le malade, de nouveau rendu à la vie ordinaire, va être mis en contact avec l'alcool, passer devant les kilomètres de rayonnages de boissons les plus tentantes, rencontrer des amis, des frères, des compagnons de travail qui le solliciteront, naïvement ou malicieusement. Ils l'ont connu « bon vivant », ne renonçant jamais devant un bon verre, aimant faire la fête. Aura-t-il le front de résister à ces tentations, sera-t-il suffisamment confiant en sa détermination pour résister ? Se sentira-t-il assez fort ? Il sait qu'il a été très faible devant cet ennemi, l'alcool tellement plus fort que lui.

Cette nouvelle force, la détermination dont il a fait preuve au long de son parcours de soins, tous les efforts dont il a été capable jusqu'à ce jour devraient lui permettre de faire face aux difficultés que présente le retour à une vie « normale », sans alcool. Et si un doute venait à se manifester, il lui suffirait de faire remonter en sa mémoire le souvenir des galères subies dans ces temps anciens.

Et si cela ne suffisait encore pas, il lui faudra se rendre à une des réunions du mouvement d'anciens malades, reprendre contact avec ses amis, venir faire la preuve à son tour de la capacité de résister et par là même renforcer sa propre détermination, sa propre confiance en soi ! Car ne nous le cachons pas tous ceux qui animent par leur présence les mouvements d'anciens malades alcooliques ne font pas cela par pure bonté d'âme, ils en retirent une satisfaction toute personnelle : celle d'être d'une part l'exemple généreux qu'on peut suivre si on est en difficulté, et d'autre part le modèle capable de faire naître chez certains la détermination nécessaire pour réussir. En retour il percevra des regards admiratifs, des remerciements chaleureux…

Avoir été cette personne en qui personne ne pouvait faire confiance, avoir provoqué tant d'ennuis autour de soi et devenir valeur d'exemple, quoi de mieux pour flatter son égo et développer largement sa confiance en soi !

Responsable vs coupable… « Avouer » ?

Lors de nos interrogations sur le retour de la confiance, au sein de la famille ou sur le lieu de travail, nous entendons parfois des anciens justifier la méfiance des proches du fait de leur propre responsabilité. On se plaint du manque de confiance de nos proches, mais il faut se rappeler que pendant des années, on s'est très mal conduit, on a été capable de mentir, de négliger l'éducation des enfants, on a ruiné le foyer, tant affectivement que financièrement. Comment voulez-vous que ça ne laisse pas de trace ?

Il nous faut bien admettre que les proches ont très largement souffert du comportement du malade, cependant, le concept de culpabilité, dans ce genre de maladie demande à être largement nuancé : très souvent, la dépendance s'est installée de façon insidieuse, le jeune a été entraîné par sa bande, la femme mondaine s'est vue obligée de consommer en société et ne s'est pas rendue compte que l'engrenage était enclenché. L'habitus, nous l'avons vu, joue un rôle primordial, le milieu de vie, la région où l'on habite, tout cela peut contribuer à développer la maladie à l'insu de n'importe qui. Les prédispositions à la dépendance sont inégalement réparties et nul ne peut savoir à l'avance s'il est de ceux qui sont susceptibles d'y sombrer… sauf, peut-être ceux dont un proche, un ascendant est ou a été malade alcoolique. Sachons que celui ou celle qui est informé(e) des dangers que court le buveur excessif et qui n'en tient pas compte, ne peut se départir d'une certaine dose de responsabilité.

> *Je viens ici, comme un ancien de la mafia qui se repentit.*
> Damien.

Si Damien se dit repenti, est-ce dire qu'il se sent coupable ? Nous croyons plutôt qu'il se voit comme quelqu'un qui semble regretter les conséquences de ce qu'il a fait lors de ses alcoolisations et qui se donne pour mission de tenter de réparer en faisant acte de militantisme, en aidant ceux qui ont besoin d'aide.

Nous ne répéterons jamais assez qu'il est indispensable d'informer sur le mécanisme de la dépendance, qu'il ne suffit pas de prôner la modération pour mettre tout le monde à l'abri de la pathologie. Quant au concept de culpabilité, sachons que si le malade alcoolique ne peut se dispenser de sa part de responsabilité, il a assez payé par la souffrance qu'il a subie, le remords qui le hante d'avoir fait souffrir ses proches ; il ne mérite pas d'être traité comme un coupable. Et un regard plein de mansuétude et de bienveillance qu'on porte sur lui peut sans doute contribuer à l'aider à retrouver sa santé et sa dignité.

Les envies ?

> Être dévoré par l'envie, rongé d'envie
>
> « L'Envie aux doigts crochus, au teint pâle et livide. »
> **Pierre-Augustin Caron de Beaumarchais**, 1732-1799

Pascal est abstinent depuis plus d'un an. Il nous annonce qu'il va bien qu'il ne touche pas à l'alcool ; mais il aimerait savoir pendant combien de temps encore il devra subir ses douloureuses envies de boire. Il se félicite pourtant de l'aide que lui apportent les camarades anciens buveurs, il a confiance, mais c'est très dur de résister. Les seules réponses qu'il entendra ici seront qu'il doit tenir, sachant que la moindre faiblesse risque immanquablement de le faire chuter et retomber dans les galères. A chaque fois qu'il ressentira cette envie pernicieuse, il devra se rappeler ce qu'était sa vie avant. Se mettre en tête que l'alcool demeurera le plus fort s'il baisse la garde. Rechercher en permanence tous les aspects positifs de son abstinence : le fait d'être capable de faire des choses qu'il ne pouvait même pas envisager du temps de son alcoolisation : Albert se félicitait souvent de se sentir capable, à 70 ans, de refaire sa véranda, de faire la fête, jusqu'à tard dans la nuit, et surtout d'être capable après de se souvenir de tous les moments de ces fêtes, alors qu'autrefois, passé 11 heures du soir, il ne savait plus ce qu'il s'était passé.

Martial se félicite également de se sentir capable de conduire ses petits enfants ; ses enfants n'hésitent plus à les lui confier. Cette confiance revenue semble être sa principale récompense. Il est persuadé que sa victoire contre les envies, il l'a remportée pour sauvegarder sa santé, certes, mais quelle joie de se sentir libre de vivre sans alcool.

Les envies parfois violentes de boire prouvent que le combat n'est jamais terminé. L'alcool est présent partout et il ne demande qu'à en découdre… Alors une solution peut consister à admettre qu'on est incapable de lutter, et à cultiver une indifférence vis-à-vis de l'alcool ; développer un certain dédain vis-à-vis de ce produit. Faire en sorte que l'alcool devienne cet ennemi qu'on ignore pour mieux le combattre.

Les tentations ?

Lutter contre toutes les envies qui vous assaillent, c'est bien joli, mais comment faire si chaque jour est une épreuve ? Les événements de la vie, les rencontres, les fêtes de famille, les banquets, les rayons alcool de la grande distribution, la publicité si racoleuse… malgré la loi Evin. Tout semble se liguer contre le malade et l'inciter à replonger. La société, notre culture sont ce qu'elles sont, et notre rôle n'est pas de changer tout ça. Le combat contre les tentations peut paraître inégal. Si l'on ajoute que le prix des boissons non alcoolisées est au moins aussi élevé que celui de l'alcool, qu'elles sont souvent très sucrées, ou encore infectes au goût.

 Maintenant, quand je suis en grande réunion familiale, on me place à la table des enfants, certes sans doute pour ne pas m'exposer à la tentation, par bienveillance…
Mais me condamner au soda sucré…beurk !

Pascal

Dans nos réunions, à chaque fois que ce sujet est abordé, nous ressentons une certaine gêne : notre but n'est pas de stigmatiser l'alcool, de condamner ceux qui se permettent une consommation raisonnable, qui ne mettent pas en danger la vie d'autrui, qui conservent la maîtrise de leur comportement. Et nous avons beaucoup de mal à faire comprendre à tous les « néo-abstinents », qu'il n'est pas utile de se comporter comme des intégristes anti-alcools. Comme tous les fraîchement convertis, ils voudraient sauver le monde malgré lui. Le malade qui vient de s'en sortir, voudrait donc qu'on interdise l'alcool, ou au moins qu'on lui permette de vivre loin de toutes ces tentations, mais que faire ? A moins de vivre en ermite, il faut bien se confronter à tous ces aléas de la vie en société.

Parmi les anciens, déjà chevronnés, on en trouve qui se sont construit une sorte de carapace, du genre de celle de Martial.

> *Quand j'ai dit non, c'est non !*
> *Je ne réfléchis même pas, c'est non !*

Cela ne l'empêche pas d'avoir de l'alcool chez lui, d'en servir à ses enfants adultes, s'ils en demandent, de conserver ses bouteilles pour les ressortir lors des prochaines visites.

D'autres, au contraire se gardent bien de s'approcher de l'alcool, ils fuient les manifestations où ils pourraient être sollicités innocemment ou malicieusement. Ils nous racontent souvent qu'on vient leur proposer, en famille ou avec des amis de boire une tout petit peu.

> *Tu peux bien, depuis tout ce temps que tu ne bois pas, reprendre un verre de champagne. C'est du champagne quand même, ça ne peut pas te faire de mal, juste une coupe ! C'est le mariage de ma fille enfin, tu ne peux pas lui faire ça, refuser de trinquer !*

Et ils ne veulent pas se mettre en danger. La plupart du temps, les malades qui sortent de cure quelques semaines avant les fêtes de fin d'année, se montrent très craintifs et nous disent que pendant toutes ces festivités, ils resteront chez eux.

Dans un autre registre, certains témoignages arrivent à nous fâcher sérieusement. Et nous devrons distinguer les vrais amis et les faux amis. Les vrais amis sont ceux auxquels nous devrions nous permettre de dire ce qu'est cette maladie, qui sont prêts à la comprendre, à faire preuve d'une certaine empathie, qui possèdent un peu d'intelligence du cœur. Même s'ils ne sont pas toujours capables de tout comprendre, ils peuvent accepter de ne pas proposer de boire de l'alcool, de faire cela en toute simplicité, ce qu'il faut pour ne pas créer de malaise, comme on ferait face à quelqu'un d'allergique à la fraise : on lui offre un gâteau sans fraise et puis c'est tout !

Les autres, ceux qu'on fréquentait autrefois, du temps où on se faisait beaucoup d'amitiés de comptoir, sont ceux que nous appellerons les faux amis. Très souvent ils ont développé face à ceux qui sont devenus abstinents, une sorte de mépris teinté de jalousie ou d'admiration : soit ils rejetteront le malade en ne l'invitant plus à boire, soit au contraire, ils vont tout tenter pour le faire retomber.

> *L'alcoolique c'est lui, c'est pas moi. Moi je tiens l'alcool et je peux m'arrêter quand je veux, et si j'arrive à le faire rouler sous la table on va bien se marrer !*

Bien sûr, ces compagnons de beuveries sont les faux amis qu'il faudra ne plus fréquenter, à moins d'avoir développé une véritable carapace. Face à toutes ces sortes de tentations, certains d'entre les membres les plus expérimentés et aguerris n'hésitent pas à fréquenter ces milieux. Ils se permettent également d'aborder, voire de provoquer des discutions au sujet de leur alcoolisation.

John est un ancien malade qui s'est alcoolisé en tenant lui-même un bar. Bien sûr, comme il disait souvent :

> *Le bar, je l'ai bu tout seul !*

Tenir un bar, c'était son gagne-pain et il ne savait pas faire autre chose. Après plusieurs cures, il a fini par s'en sortir, et pour gagner sa vie, il tient encore un bar, un autre bar, ailleurs, sans jamais retomber.

> *Je considère que ce bar me permet de gagner ma vie. L'alcool est le produit qui me fait vivre, si je vendais des chaussures, ce serait pareil, c'est un produit. En revanche, si je me rends chez un confrère, comme un client ordinaire, je ressens un certain malaise, et je reste très vigilant.*

Non seulement John reste en contact avec l'alcool et les consommateurs d'alcool, mais il ne se prive jamais d'annoncer, à ceux qui lui proposeraient de boire avec eux, de les accompagner, qu'il est un ancien malade alcoolique, et son discours, pour étonnant qu'il soit ne manque pas d'interpeller et de faire son petit effet préventif.

Dire ou ne pas dire ?

Très souvent, les malades fraîchement sortis de cure sont inquiets à la perspective d'affronter la société. Ils se sont absentés pendant quelques semaines, leurs proches savent bien pourquoi, mais les autres, les collègues, les amis, la famille plus lointaine… Quelle attitude adopter ? Quel discours tenir ?

Parmi les anciens, on rencontre quelques cas de figure : Damien avait informé son patron du motif de son départ en cure (lequel se doutait certainement qu'il avait un problème avec l'alcool), et celui-ci avait approuvé sa démarche, en le félicitant pour son courage. Au retour de cure, Damien a trouvé l'occasion de raconter son séjour en hospitalisation, de façon naturelle, tout simplement, et il a fièrement bravé les regards suspicieux, les allusions à peine audibles sur le « qui a bu boira ! », mais il a très positivement porté son attention sur ceux qui semblaient admirer sa démarche, ceux qui l'encourageaient à tenir bon ; et c'est dans ces manifestations chaleureuses qu'il a puisé la force de conserver sa vigilance, pendant tout le temps qu'il se sentait fragile face aux diverses tentations.

Pour Jean-Charles, la démarche fut très différente : il n'a pas fait de déclaration, n'a pas tenté de susciter la curiosité de son entourage. Son retour fut aussi discret que son départ en soins, ce qui correspond bien à sa nature réservée, presque effacée. Evidemment, lorsque les occasions se présentaient de boire avec ses collègues, il réclamait de l'eau, et, devant leurs yeux ébahis, et seulement si on le questionnait sur ce nouveau choix, il se contentait de dire qu'il avait un problème avec l'alcool, ou encore qu'il prenait des médicaments avec lesquels l'absorption d'alcool était dangereuse et donc qu'il ne pouvait plus en boire une seule goutte. Jean-Charles n'hésitait pas parfois à faire appel au confortable concept « d'allergie » pour faire accepter son nouveau statut. Ceux qui voulaient comprendre comprenaient, et les autres pouvaient penser ce qu'ils voulaient, cela ne l'empêchait pas de maintenir son cap. Il faut savoir, pour analyser le sens de sa démarche, que Jean-Charles ne consommait pratiquement jamais excessivement en public et prenait grand soin de ne pas prendre de risques. C'est en retournant chez lui qu'il se permettait de se « lâcher »… Personne ne pouvait se douter de sa dépendance.

Yves, lui, eut une démarche plus agressive : travaillant dans un milieu très porté sur la boisson, il est revenu parmi ses collègues pour leur dire qu'il ne fallait pas compter sur lui pour participer à certaines beuveries. Dans le bar, à la sortie de l'usine, devant l'insistance de quelques uns qui tenaient absolument à lui payer un coup, il finit par accepter qu'on le serve, puis devant les regards ahuris, il versa ostensiblement son verre, par-dessus le comptoir, dans l'évier. Faisant face à la réprobation générale, il avait répondu : « Vous avez voulu me payer ce verre, ce verre je l'ai accepté, il était à moi, j'en ai fait ce que j'en voulais ! » Depuis ce jour, il ne fut plus sollicité pour s'alcooliser, mais il acceptait bien volontiers qu'on lui offre un café ou une boisson rafraîchissante, et ne répugnait pas à payer sa tournée aux autres.

Nombre d'autres néo-abstinents sont demeurés très discrets quant à leur statut nouveau. Seule la famille très proche : parents, conjoints, enfants en âge de comprendre, selon eux, a été informée. L'ensemble des autres relations étaient tenues à l'écart de toute confidence, et si quelqu'un paraissait curieux de constater certains changements d'habitude, ils ne rechignaient pas à donner toutes les explications possibles, en toute simplicité, en adaptant le discours à la personnalité de leur interlocuteur.

Dire qu'on est malade alcoolique n'est pas simple. La chose est encore largement taboue. Dans certains milieux sociaux, il est encore bien vu de passer pour quelqu'un qui « tient bien l'alcool », dans d'autres, l'image de la virilité exposée ne rivalise pas avec le spectacle de la déchéance. Et pour ce qui concerne l'alcoolisme au féminin, nous devons bien admettre que la pression sociale est encore plus forte. La femme malade alcoolique, le plus souvent se cache pour boire, trouve bien toutes sortes de stratagèmes pour ne pas laisser voir son état. Rares sont, à notre connaissance, celles qui disent facilement leur difficulté de santé ailleurs que dans leur famille proche. En dépit de ces réflexes pudiques, nous devons souligner qu'au sein du mouvement d'anciens buveurs, la parole des femmes malades se libère plus facilement : il est certes plus facile pour elles « d'avouer » leur problème au milieu d'une assemblée composée de personnes qui ont connu les mêmes difficultés qu'elles-mêmes, et qui sont capables d'offrir un accueil chaleureux.

> *Chacun s'est alcoolisé à sa façon, selon sa personnalité, chacun, s'en est sorti à sa façon, chacun est un cas unique, et il n'y a pas de recette universelle, et donc, laissons chaque malade gérer son problème à sa manière et à élaborer son système personnel comme il l'entend, c'est la meilleure manière de le rendre responsable de sa réussite.*
>
> **Les anciens**

La question de savoir si on doit dire ou non son problème en sortie de cure pourrait ne pas se poser, puisque s'agissant d'une question de santé, nul n'est tenu de s'étendre : secret médical ! Toutefois, il nous semble important d'analyser la portée de la parole d'un malade alcoolique devenu abstinent : tout d'abord la personne elle-même a tout intérêt à s'intégrer dans la société, à ne pas s'isoler, à vivre en harmonie avec son entourage, donc à clarifier son statut, sans ambiguïté. Son choix de dire ou ne pas dire, de dire à sa manière comment il traite son cas, tout cela contribue à l'aider à renforcer sa détermination. La démarche qu'il a entreprise est souvent perçue comme héroïque par ceux qui vivent la galère de ne pas pouvoir cesser de boire. Le spectacle de quelqu'un qui a eu le courage d'accepter la privation de tout ce qui dominait sa vie, est quelque chose de rare et suscite l'admiration. Raconter son aventure, montrer qu'on peut s'en sortir aura un effet d'encouragement pour ceux qui souffrent de leur dépendance. Le spectacle de cette résilience ne manque pas de servir d'exemple : « Si lui, que j'ai souvent vu dans des états lamentables, a réussi à s'en sortir, alors pourquoi pas moi ? ». Et d'ailleurs n'est-ce pas là que se situe tout le sens de l'action d'une association d'anciens buveurs ?

Prosélytisme ou non ?

Le rôle que s'attribuent les mouvements d'anciens buveurs consiste, nous l'avons déjà vu, à aider d'autres malades à traiter leur problème. Un malade qui s'en sort est un exemple encourageant. Le simple fait de se présenter comme malade alcoolique suffit en principe à inviter celui ou celle qui hésite à se faire soigner, à franchir le pas. Donc il paraît inutile d'en rajouter, de prêcher, de faire du militantisme. D'autre part, en demeurant très discrets, les mouvements d'anciens buveurs peuvent passer pour des sortes de sectes, et donc se verront contraints de demeurer dans un entre soi néfaste au regard de la mission qu'ils s'octroient.

Les responsables des associations se posent souvent des questions sur le sens de leur action : doivent-ils montrer ostensiblement qu'ils existent ? Faut-il avoir pignon sur rue ? Est-il utile d'aller chercher les malades alcooliques et faire pression sur eux, les inciter à se faire soigner ? Faut-il seulement attendre que les gens se manifestent pour se permettre d'agir avec eux ? Y a-t-il intérêt à demeurer discret, afin que les malades encore honteux de ce qu'ils sont devenus, n'hésitent pas à venir demander de l'aide ?

Tout d'abord, nous devons affirmer que les mouvements d'anciens buveurs n'ont pas de but lucratif : ils vivent de subventions, de dons ainsi que des cotisations de certains membres, ce qui devrait les dispenser de faire du clientélisme. Toutefois, s'ils veulent être efficaces, ils doivent se faire connaître, devenir présents dans le champ social. Lors de certaines manifestations publiques, nous constatons que peu de personnes s'approchent des stands d'anciens buveurs, probablement par gêne ou appréhension d'être perçus comme alcooliques eux-mêmes. Il y a donc contradiction entre la nécessité de se faire connaître et celle de se montrer discret. Faire savoir qu'on existe et qu'on est facile à trouver et à joindre, et en même temps laisser entendre qu'on respecte l'intimité et l'anonymat de chacun.

Faire acte de présence dans le paysage social nous semble primordial, et les responsables locaux ont le devoir d'adapter leurs actions aux habitudes locales et aux mœurs du moment : dans de nombreuses entreprises, il est certainement possible de proposer des affiches à placarder dans les locaux dédiés au personnel, de faire connaître celui parmi les employés qui peut jouer le rôle de référent pour les problèmes d'alcool, par exemple. Une campagne d'affichage dans les lieux accessibles au public : administration, salles d'attente de médecin, d'infirmiers, d'assistantes sociales etc. peut banaliser la présence du mouvement. La publication de documentaires, de films, de récits mettant en œuvre l'action de l'un ou l'autre des différents mouvements, l'information approfondie des milieux médicaux et sociaux, et tout ce qui permettrait de lutter contre le tabou que subit encore l'alcoolisme, tout cela nous paraît indispensable pour la réussite de notre action.

Faire savoir que la maladie alcoolique est bien une maladie et qu'elle se soigne. Les associations d'anciens malades ont un rôle primordial dans le traitement, cela ne signifie pas que l'on confond la prévention contre les risques de l'alcoolisation dommageable et l'aide aux malades dépendants de l'alcool. Nous devons demeurer attentifs à ne pas verser dans un intégrisme anti alcool, mais il est tout à fait respectable et indispensable de militer contre l'alcool au volant ou sur les lieux de travail, de dénoncer en particulier l'alcoolisation des jeunes, des femmes enceintes.

Combien de cures ?

Au début de chaque réunion, chaque membre, s'il le souhaite, décrit son parcours, ses réussites ou ses échecs face à sa dépendance. Il arrive assez souvent qu'une seule cure suffise pour s'en sortir, mais parfois certains membres, même parmi les plus anciens, ont été obligés de faire plusieurs séjours en hospitalisation spécialisée en alcoologie, en cure ambulatoire ou en post-cure. Il n'est pas rare d'entendre dire qu'on est à sa cinquième cure, voire davantage. Ceci semble accréditer l'idée qu'un alcoolique n'est jamais guéri, qu'il est vain de tenter quelque chose, que c'est sans remède. Si l'on veut bien rechercher les causes qui ont provoqué les rechutes, on retrouve souvent des raisons qui ont trait avec notre métaphore du trépied thérapeutique.

> *J'ai fait ma première cure parce que mes parents m'y ont obligé, et à la sortie, j'ai tenu trois semaines sans consommer. Je n'avais pas préparé ma sortie. Et alors ce qui devait arriver est arrivé, j'ai repris à boire, jusqu'à ce que je me retrouve très vite au même niveau de galère, sinon pire qu'avant.*
> Fabien

Jean-Philippe, du jour au lendemain, poussé par des parents qui ne connaissaient pas les mécanismes de cette maladie, a été inscrit pour un séjour de soins au centre d'alcoologie ; son entrée, pas davantage que sa sortie n'avaient été préparées. Sa rechute n'en est pas pour autant rédhibitoire, nous avons vu qu'il en est resté quelque chose.

> *Moi, j'ai fait ma cure au centre médical X...*
> *À vrai dire c'était un hôpital psychiatrique, et je me suis vu au milieu de tous ces malades mentaux, je n'ai pas supporté. Il faut dire que cette cure a été faite quelques mois avant que le centre d'alcoologie actuel soit créé dans notre région. Par la suite, ne voulant pas risquer de retourner avec les fous, je me suis déterminé très sérieusement, et une deuxième cure a été salutaire. Cette première cure, chez les malades mentaux ne m'a apporté que du dégoût. J'y ai subi le sevrage sans trop de problème, mais je n'ai rien compris à ma maladie, cette fois-ci. Alors, quelques mois après, grâce à des contacts, ici, dans cette association, j'ai pu m'y remettre et aller dans un vrai centre spécialisé en alcoologie, et ça m'a suffi pour traiter le problème à fond, à bien préparer ma sortie, et à continuer à venir aux réunions.*
>
> **Albert**

> *J'avais l'impression que mes cinq cures n'avaient servi à rien. Je ne sais pas pourquoi, j'avais cette sensation...Je pense que c'est ma motivation qui était insuffisante. C'est seulement quand un médecin m'a expliqué que je venais de déclencher une maladie qui pouvait me rendre aveugle ou handicapé à vie que j'ai repensé à tout ce que m'avaient appris mes cinq cures, et que j'ai décidé que je ne boirai plus une goutte. Et là, tel que vous me voyez, j'ai tenu parole, et j'ai la ferme intention de ne plus me faire prendre.*
> *Je pense que c'était seulement une question de déclic !*
>
> **Martial**

> *Après trois cures, je me suis retrouvé tout seul chez moi, sans travail, à traîner ma peine, et bien sûr, j'ai replongé... Ce qui m'a sauvé, c'est d'avoir été admis en centre de post-cure, sans avoir eu besoin de retourner en centre d'alcoologie. C'est là que j'ai vraiment appris à m'en sortir.*
> **Dominique**

Plusieurs cures donc s'avèrent parfois nécessaires pour qu'enfin on puisse sortir de son cauchemar, et nous avons coutume de dire que tout le travail qui a été fait pendant les soins, même s'il n'a pas empêché une rechute, a laissé quelques traces dans le psychisme du malade : permettre une maturation, faire naître le déclic, mettre la personne dans de nouvelles dispositions, surtout si elle est témoin de ce que d'autres ont réussi à faire.

Être fier ou non de son état ?

Lorsque l'on entend les récits de parcours des anciens, on mesure à quel point la bouteille a réussi à les asservir : elle était le centre de leur vie, leur seul objet de désir, leur obsession, et il n'était pas question de se passer de cette amie. Vivre sans alcool ne pouvait être envisageable un seul instant. Leur quotidien était fait de dissimulations, de mensonges, de conflits. Le constat de leur misère sociale, professionnelle, sanitaire, financière, familiale, tout ce qu'ils pouvaient vivre dans la violence, tout cela n'avait aucune importance, seules les occasions de boire occupaient leur esprit.

> *On m'aurait emmené dans un désert, j'aurais trouvé à boire de l'alcool.*
> **Gérard**

> *J'avais des cachettes partout, chez moi et autour. Il y en a que je découvre encore maintenant... je les avais oubliées.*
> **Christian**

> *Même quand j'étais fauché, je trouvais le moyen de m'alcooliser : je faisais le pari avec des gens au bar du genre :*
> *« Je te parie 20 centimes que je bois ton verre sans que tu t'en aperçoives. Pari tenu disait l'autre. »*
> *Alors je prenais son verre, et je le buvais immédiatement, devant lui. « Mais je t'ai vu disait la victime ! Ah bon ? Alors j'ai perdu mon pari, voilà tes 20 centimes... »*
> *J'arrivais toujours à me faire inviter dans des soirées arrosées, les mariages, par exemple.*

Alors, après toutes ces misères, après que le déclic eut fonctionné, il fallait avoir ce courage de décider de s'en sortir. Etant témoin de certaines réussites, on ne peut qu'être admiratif devant ces malades rétablis, et nous ne devons pas hésiter à manifester de l'admiration. Être fier de ce qu'on a accompli fait partie des retombées collatérales du traitement, et celui qui proclame, à juste titre, être fier de lui, peut s'appuyer sur cette fierté pour demeurer déterminé. Pour autant que son entourage en fasse autant, on assistera à des hommages collatéraux. Quelle belle bouffée de chaleur humaine, lorsqu'on entend un fils, une fille proclamer qu'il ou elle est fier ou fière de son père, de sa mère.

Lorsque le malade n'hésite pas non plus à exprimer sa fierté, lors de nos réunions, nous pouvons estimer qu'à son tour il insuffle à l'autre que ça vaut le coup de passer à l'acte des soins ; il laisse entendre que non seulement les ennuis ont cessé, mais encore que le résultat dépasse toutes les espérances, qu'on peut recouvrer toute sa dignité, toute son humanité… Pour peu que le regard des proches soit également imprégné d'intelligence et d'amour, ce qui n'est pas automatiquement acquis dès le retour des soins, ni même après plusieurs mois d'abstinence.

Passer de la honte de boire à la fierté de s'en être sorti ne se fait pas aisément toutefois, car le souvenir des dégâts affectifs, sociaux, économiques… qui ont été commis pendant le temps des galères, peut tempérer chez certains l'euphorie de la réussite.

Jusqu'à quel âge peut-on se faire soigner ?

Nous entendons parfois des personnes, témoins de l'alcoolisation d'un parent, nous dire qu'étant donné l'âge de ce dernier, il paraît vain de tenter une quelconque thérapie : « Il ou elle a plus de cinquante années d'alcoolisation, on ne peut même pas envisager qu'il puisse s'en sortir », ce à quoi, Albert, l'un des nôtres réplique souvent que lui-même, à plus de 70 ans est capable non seulement de s'en être sorti, mais que maintenant, il peut se permettre une activité physique qu'il n'aurait même pas osé pratiquer autrefois (la course d'endurance). Il ajoute qu'aimant faire la fête, aller danser, il apprécie bien mieux maintenant ces moments de festivité qu'autrefois. Il garde toujours en esprit que la vie est encore valable, que la joie de vivre est plus manifeste. Il se trouve des tas d'occupations, en société dans des moments de loisirs, ou tout simplement parmi ses proches retrouvés. « Il n'y a pas d'âge pour bien faire ! » assène-t-il.

Certes, après de nombreuses années de galère, on peut douter de la détermination des malades très âgés. On pourrait avoir le réflexe de se dire qu'après tout, pourquoi ennuyer ces personnes qui n'en ont plus pour longtemps à vivre ; si le seul plaisir qui leur reste c'est celui-ci, autant les laisser en paix ! Et pourtant, il ne nous semble pas que la médecine ait fixé une limite à ce propos, nous n'avons jamais entendu dire que tel malade ait été refusé en soins sous prétexte d'un âge trop avancé. Nous prétendons que les quelques années qui restent à vivre valent la peine d'être vécues dans la joie, la liberté et la fierté d'une dignité retrouvée. Les anciens sont là pour aider, par leur exemple, à la motivation de ceux qui hésitent encore, qui voudraient bien et qui ne se décident pas à vouloir.

Inversement, dans cet ordre d'idée, on peut se demander s'il y a un âge minimal pour s'interroger sur sa propre alcoolisation. Lors d'une intervention dont l'ambition était de faire un peu d'information et de prévention, l'un d'entre nous s'est vu confronté à une population de grands adolescents, garçons et filles ; les informations dispensées s'appuyaient sur la quantité d'alcool contenue dans chaque verre, affirmant que la teneur en était la même, quelle que soit la nature de la boisson : un verre de vodka en contient, à très peu près, autant qu'un verre de bière, ou de vin, soit environ 10gr d'alcool pur, et le contenant est normé, étudié de telle façon qu'il en soit ainsi. Et dans la logique de l'intervenant, il s'agissait de prévenir ces jeunes contre la consommation excessive et dommageable. L'auditoire était certainement averti des dangers que font courir certains comportements entre jeunes, chacun avait déjà entendu les messages officiels sur les dangers de la conduite automobile, sur les contrôles, les alcootests etc. mais très peu d'entre eux semblaient prévenus quant aux risques de sombrer dans la dépendance.

« A force de tout interdire, on ne peut rien faire, on ne peut plus s'amuser ! » a-t-il été dit quelque part dans l'assemblée. Ce à quoi, il fut répondu que des plaisirs de vivre ne manquaient pas ailleurs que dans l'alcool.

Quelques jeunes, par la suite se sont approchés pour indiquer qu'il n'était pas rare de voir certains de leurs camarades, s'enivrer régulièrement, que dans les bouteilles de soda ou d'eau, des mélanges suspects circulaient dans la cour, et que très certainement plusieurs d'entre eux semblaient avoir déjà atteint le niveau de la dépendance. Pouvait-on faire quelque chose pour eux ? « Nul ne peut forcer quelqu'un à se faire soigner ! » entendons-nous souvent lors de nos réunions. Et pour cause, il ne nous est jamais arrivé d'avoir lors de nos séances, des très jeunes adultes déjà dépendants, prêts à se faire soigner. Quelques fois il arrive cependant que nous recevions des enfants de malades alcooliques, en quête de conseils ou d'information pour les aider à supporter leur souffrance, voir s'ils peuvent intervenir pour motiver leur proche toujours dans le déni.

Le mouvement d'anciens buveurs, d'anciens malades alcooliques, se trouve assez démuni devant la dépendance naissante des jeunes ; en effet, le modèle que présentent ceux qui s'en sont sortis auprès de la jeunesse pourrait être contre productif : « Puisqu'ils s'en sont sortis, qu'ils vivent maintenant sans problème, nous avons tout le temps pour commencer à traiter la question si toutefois cela se pose un jour. En attendant amusons-nous ! »

Il n'y a pas d'âge pour se faire soigner, mais il faut bien admettre que pour les très jeunes adultes, le cheminement, qui va du plaisir de boire pour faire la fête, passant par le déni, puis par la prise de conscience et enfin par le déclic, est quelque chose qui s'inscrit dans la durée. Les seuls mouvements d'anciens malades ne peuvent que tenter de sensibiliser au cas par cas, en s'armant de patience et de bienveillance, et faire en sorte que cette maladie soit reconnue, rendue banale, hors de tout tabou. Seule la multiplicité des messages d'information peut agir, et encore bien modestement, et faire en sorte que les habitudes se modifient. Ainsi pourrons-nous assister à une transformation de l'habitus.

Quels sont les produits dangereux ?

Pour le malade alcoolique qui revient de cure, tout n'est pas réglé : il a reçu un certain nombre de recommandations, des conseils de prudence, des avertissements et des mises en garde relatifs à sa vie en société. Il a appris à se forger une cuirasse, mais il se doute bien qu'un certain nombre de pièges vont se présenter à lui, qui risqueront de le mener au mieux à la petite chute sans gravité s'il réagit très vite, et au pire, de déclencher un grave et rapide retour à l'état de dépendance. Outre les différentes tentations provoquées plus ou moins volontairement lors des rencontres en société, que nous avons vues tout au long des récits de témoignages, nous tenterons de répondre à quelques questions que posent les malades inquiets.

Faut-il être condamné à ne plus manger des bons plats cuisinés avec de l'alcool : coq au vin, choucroute au riesling, pâtisseries au rhum, glaces au champagne ?

En principe, dans les plats cuisinés dans lesquels du vin, de la bière, du cidre ou encore du rhum, de l'eau de vie ou n'importe quel autre breuvage fort a été inséré, la teneur en alcool pur est nulle, puisque tout s'est évaporé à la cuisson ; cependant, le parfum peut rappeler insidieusement des souvenirs encore tout frais. Le conseil qu'on peut donner à tous ceux qui se sentiraient encore fragiles, est d'éviter autant que possible de consommer de tels plats, tout au moins de ne pas les rechercher. Le danger est plus sérieux s'il s'agit d'alcool ajouté après la cuisson, par exemple dans les babas au rhum, car dans ce cas, il s'agit d'un alcool à 40° qui sera ingéré…

Nous avons, lors de nos réunions, l'habitude de prévenir que si la molécule alcool est évaporée et donc n'est pas avalée, il n'y a pas de risque, et que seuls les très anciens, déjà à l'abri des petites tentations peuvent se permettre de tels plaisir de la table. Les fins gourmets et les amateurs de bonne chair ont tout à gagner à apprendre la cuisine sans risque, et à s'inventer des recettes aux mille parfums.

Toutefois nous devons rappeler que le risque subsiste si l'alcool entre en contact avec les muqueuses buccales ou nasales. Sentir l'odeur, jouer à faire le connaisseur, sans avaler le liquide d'un grand cru peut certes rappeler avec délice les bonnes bouteilles qui faisaient son bonheur, mais cela demeure dangereux pour celui qui serait amené à avoir des regrets…Il nous est parfois conté que certains professionnels œnologues pouvaient être délivrés de leur dépendance à l'alcool, tout en continuant d'exercer leur métier.

Comme notre ami John, ils doivent considérer que ce produit leur permet de gagner leur vie, que tant qu'ils ne recherchent plus le plaisir d'en boire, ils seront à l'abri de la rechute. Tout dépend de l'intention qui prime, du but qu'ils se fixent au contact du produit.

— *Devra-t-on se passer de vinaigrette ?*

La réponse à cela est presque toujours la même : tout dépend de la qualité du vinaigre : le degré indiqué sur l'étiquette n'est qu'un indice d'acidité, donc il ne présente pas de danger, cependant le débutant en abstinence devra se méfier de ses souvenirs et éviter tout ce qui pourrait lui rappeler son alcoolisation passée : vinaigre d'alcool, vinaigre de vin, vinaigre de cidre, sont des pièges à éviter pendant quelque temps. Un jus de citron peut très bien faire office d'acidifiant dans les sauces.

— *Quelle boisson peut-on prendre sans risque de rechuter ?*

Il existe un grand nombre de boissons sans alcool : des bières, des apéritifs, des jus de fruit. A nous d'apprendre à bien lire les étiquettes, sachant que dans les bières dites sans alcool, il y a souvent jusqu'à 1° d'alcool qui aide à la conservation du produit. Aujourd'hui, nous pouvons trouver des bières annoncées à 0°, lesquelles donc seraient chimiquement sans aucun danger. Cependant, si le malade avait l'habitude de s'alcooliser à la bière, gare au rappel des moments fatidiques. De même pour le jus de raisin, pur jus de fruit, qui peut mettre en danger le malade qui buvait du vin. Même raisonnement pour les apéritifs sans alcool dont l'odeur d'anis ou de vin cuit conduirait vite la personne à tenter un retour à quelque chose de moins factice. Une mise en garde particulière à propos des jus de fruits qu'on pourrait laisser ouverts, hors du réfrigérateur, et dont la fermentation produira immanquablement de l'alcool. De toute éternité, l'eau reste bien le meilleur désaltérant qui soit.

— *Et les bonbons ?*

Les chocolats fourrés, même avec une délicieuse cerise à l'intérieur, baignant dans un quelconque liquide alcoolisé, sont à proscrire, évidemment. Parfois, le piège est moins visible : le malade avait parfois l'habitude de masquer son haleine en suçant des acidulés, mais ceux-ci sont parfois imprégnés d'alcool, et il se peut qu'on en mâche un, pas accident. Christian, un soir est venu nous dire qu'il avait croqué un bonbon à l'alcool, mais aussitôt qu'il s'en est aperçu, il l'a recraché, mais il en avait avalé un peu, par réflexe, ce qui l'inquiétait... Dans son cas évidemment, il ne courait aucun danger, pour deux raisons : tout d'abord, il a eu la bonne idée de venir le dire en réunion, ensuite, dans la mesure où il n'avait pas avalé d'alcool volontairement, le mécanisme de l'appétence n'a pu se déclencher. La chose eût été différente s'il avait fait semblant d'ignorer qu'il y avait de l'alcool dans son bonbon !

Et les enfants d'alcooliques ?

Les enfants d'alcooliques courent-t-ils le risque de subir le même sort que leurs parents ?

Mon père était alcoolique. Ma grand-mère était alcoolique, alors moi aussi je suis alcoolique, nous dit souvent Stéphane, d'un air de dire qu'il n'y peut rien, voire qu'il n'y a rien à faire, son chemin est tout tracé.

Rechute après rechute, Stéphane finira un jour par admettre que sa maladie se soigne, ou tout au moins qu'il peut en gommer tous les symptômes, se libérer de l'envie de boire.

Vincent était un enfant dont la scolarité avait été largement gâchée par de très grosses difficultés d'élocution : son bégaiement était si prononcé qu'on ne pouvait jamais l'entendre prononcer une phrase complète. Alors qu'il avait 14 ans, avec quelques élèves de sa classe spécialisée pour élèves en difficulté, il eut l'occasion d'assister à quelques réunions de l'association d'anciens buveurs. Quelques années plus tard, à l'occasion d'une rencontre de hasard on a pu constater qu'il ne bégayait plus du tout, que son élocution était devenue complètement fluide. Devant notre étonnement, il nous répondit, tout naturellement qu'il s'était guéri de son bégaiement, le jour même où son père s'était fait soigner de son alcoolisme. Et son regard en disait long sur sa fierté d'avoir résolu son problème, et d'avoir eu un père si courageux.

Gageons qu'un enfant qui a subi l'alcoolisme d'un ascendant, pendant plusieurs années, les années les plus importantes pour son développement harmonieux, qui a pu assister à la déchéance de son parent, à la souffrance du foyer qui en a subi les atteintes dans son corps et son esprit, ne manquera pas de se prémunir, si parallèlement, on l'informe des risques qu'il encourt. Mais déplorons que bien souvent, ce soit le contraire qui se produise, et que ces enfants, au contact de l'alcool connaîtront les symptômes de la maladie. Et répétons qu'une femme qui s'alcoolise surtout au début de la gestation de son enfant, le condamne presque systématiquement à un développement chaotique et hautement dommageable.

> *Papa pourquoi tu bois ?*
> Léanne, 3 ans

Nous avons vu comment cette question innocente avait pu provoquer le déclic de son père. Il arrive très souvent que, plus efficaces que les reproches d'un conjoint, la parole d'un enfant amène le ou la malade à prendre conscience de son problème, alors qu'on ne pouvait pas imaginer qu'il se rendait compte du problème.

Sachant qu'une certaine prédisposition génétique à la dépendance peut agir sur les enfants de malades alcooliques, une large information sur les risques encourus s'avère indispensable, tout particulièrement auprès des adolescents en crise d'identité, prêts à prendre tous les risques de leur âge. Sachons aussi que la prévention, l'information sur cette maladie sont affaire de spécialistes, de professionnels expérimentés, mais qu'une association d'anciens malades de l'alcool peut contribuer modestement, par les témoignages et les publications qu'elle produit, à briser de nombreux tabous en ce domaine.

Rappelons-nous encore qu'un conseil ne vaut que s'il a été demandé, et que donc, toutes les recommandations ne produiront un effet que si l'émetteur jouit d'une solide dose de crédibilité auprès du jeune

Si je m'implique autant dans les démarches de notre mouvement, c'est parce que je crois qu'on peut vraiment aider d'autres malades, mais également pour rendre hommage à mon père, malade alcoolique, qui réussit à s'en sortir, et dont je reste fier, après sa disparition, nous dit Hervé.

Hervé ne manque pas de nous dire souvent que c'est également pour se préserver lui-même du risque qu'il encourt, en étant probablement porteur d'un bagage génétique similaire à celui de son père. Il a toujours besoin de l'aide et de l'amitié des anciens pour demeurer loin des dangers de l'alcool.

Retrouver son rôle dans le foyer ?

 Maintenant je suis « clean ». Je ne bois plus depuis 6 mois, tout va bien, et pourtant, j'ai l'impression qu'on ne me fait pas confiance à la maison : je veux m'occuper des comptes du foyer, ma femme ne me laisse pas faire. L'autre jour, alors que je me fâchais après ma fille, à cause de son manque de travail à l'école, je me suis entendu dire que c'était mieux avant, quand je buvais. Je ne vais pas replonger pour ça, mais quand même, avouez que ça fait mal.
Bernard

Bernard a suivi tout le protocole : il a bien pris conscience de son problème, il a connu le déclic, il a fait preuve de courage, il a été capable d'humilité, sa détermination a été déterminante, une seule cure a suffi pour qu'il se dise guéri, il participe le plus assidûment possible à nos réunions, bref, il est de ceux qu'on a plaisir à admirer d'avoir suivi un tel parcours, et pourtant…

La réponse à ses protestations ne tarde pas à venir : presque tous les anciens ont connu de pareilles déconvenues : pendant des années, le conjoint, la conjointe, s'est vu(e) obligé(e) d'assumer toutes les charges du ménage : les comptes, les enfants, l'entretien, l'organisation générale… Le manque de fiabilité de la personne malade a ainsi fini par développer un climat de défiance à son encontre. Insidieusement, un certain équilibre s'est instauré, personne ne pouvait compter sur celui ou celle qui se trouvait là, sans énergie, et tant bien que mal, une certaine organisation était élaborée à son insu : chacun s'était forgé un rôle défensif en fuyant, en cherchant ailleurs des relations plus enrichissantes, ou bien une position offensive en s'organisant autrement, en prenant les choses en main pour préserver ce qui devait être protégé, ce qui pouvait encore être sauvé.

Nous retrouvons là encore la nécessité d'informer à la fois les malades et les proches de cette nouvelle tournure que prend leur vie, après le retour des soins : si la confiance ne peut pas revenir du jour au lendemain, chacun, et tout particulièrement la personne malade, devra faire preuve d'une grande patience, de beaucoup de bienveillance. Ce rôle d'informateur et/ou de formateur, l'association d'anciens malades doit pouvoir l'assumer pleinement, en accueillant les conjoints, les enfants, car nous le disons assez souvent : « Lorsque dans un foyer il y a un malade alcoolique, c'est le foyer tout entier qui est malade ! ». Sans ces précautions, il arrive hélas que le couple ne survive pas au retour des soins, que le conjoint ne supporte plus la personne devenue méconnaissable, et qui semble exiger d'imposer sa nouvelle vision des choses, un autre équilibre. Il arrive également que le malade n'accepte pas de subir encore trop de méfiance à son encontre et malgré tous ses efforts, qu'il cherche des solutions parfois dommageables. « A quoi bon faire tous ces efforts si c'est pour en arriver là ! » entend-t-on parfois.

La prévention

La plupart des associations d'anciens malades de l'alcool souhaitent tellement voir couronnés de succès leurs efforts pour tenter d'éradiquer cette maladie, qu'elles voudraient bien s'impliquer dans une démarche de prévention. Tout naturellement, le public principalement visé semble être celui des jeunes, des adolescents ; or, pour intervenir auprès d'eux, il est nécessaire de posséder une compétence minimale en pédagogie. Il ne suffit pas de très bien connaître cette maladie pour être capable de ne pas faire d'erreur. Nous avons vu parfois que des interventions auprès de publics scolaires se soldaient par une recrudescence de l'alcoolisation parmi les jeunes. Si l'effet immédiat était contraire à l'effet attendu, on pouvait toujours espérer qu'à long terme il pouvait demeurer quelques traces ; malgré la bonne volonté des intervenants, ces interventions devaient laisser un goût amer.

La prise de risque, la révolte contre le monde adulte, le besoin d'identification et d'appartenance au groupe, la tendance à l'émancipation propres à la jeunesse, font partie des passages obligés pour atteindre une certaine maturité. Seul le témoignage des malades peut à la rigueur être susceptible de présenter un exemple, mais gardons nous de croire que l'exemple suffit à lui seul pour provoquer des comportements salutaires auprès de la jeunesse.

Nous avons bien entendu les témoignages des anciens malades, et nous voyons avec plaisir qu'on peut s'en sortir, pourraient dire les jeunes, alors, rien ne presse, profitons de la vie qui se présente, plus tard il sera toujours temps de se faire soigner, puisque ça marche !

Et pourtant, qui ne souhaite pas voir se développer la santé, mettre la jeunesse à l'abri de toutes ces souffrances. La maladie alcoolique pâtit encore d'un tabou tenace, même si nous pouvons noter que d'une manière non encore satisfaisante, des améliorations apparaissent : il n'est plus rare de trouver des boissons sans alcool lors des cocktails et autres inaugurations ou vernissages, la consommation d'alcool semble diminuer en France, malgré les difficultés d'application que la loi Evin rencontre, malgré cette détestable nouvelle mode des défis d'ivresse.

Il semble donc qu'on doive laisser faire les spécialistes de la prévention auprès des jeunes. Il reste ce que nous voyons fréquemment : la prévention contre l'alcool au volant. Déplorons avec force et détermination les trois mille tués annuels sur les routes françaises, dont un certain nombre sont victimes de chauffards alcoolisés, luttons contre la violence au volant, afin d'endiguer autant que possible l'hécatombe, mais que ce combat ne vienne pas occulter les quarante neuf mille décès causés par la dépendance alcoolique. L'Etat, les instances officielles, nationales ou/et mondiales, le monde associatif peuvent agir préventivement, et ne pas oublier que toute cette mortalité est évitable si le public est bien informé.

Les mouvements d'anciens malades qui prennent leur rôle au sérieux se doivent de participer à l'information du peuple, à son éducation, à briser les tabous propres à ce type de pathologie.

En sortant de cure, les nouveaux membres

Nous avons coutume de recevoir en réunion, pendant leur séjour au centre d'alcoologie de notre région, des malades volontaires pour venir s'informer sur notre mouvement. Dès l'accueil, nous devons les rassurer, ils ne sont pas tombés entre les griffes d'une secte, on ne va pas les juger, on ne va pas les abreuver de conseils et recommandations. Ils pourront prendre la parole librement, poser toutes les questions qu'ils voudront, ou bien rester silencieux s'ils le désirent. Ils peuvent s'attendre à être écoutés chaleureusement, ils peuvent profiter des témoignages des anciens, rencontrer des personnes dont le parcours est similaire au leur.

Nous sommes bien entendu attentifs à ne pas les brusquer, ne pas les accabler, ne pas leur faire la morale. Et ils sont encouragés par le personnel soignant du centre de soins à venir prendre contact avec les associations d'anciens malades. À l'issue de la rencontre, nous pouvons témoigner qu'ils sont très enthousiastes, tout à fait satisfaits de leur soirée avec nous, apparemment prêts à s'impliquer dans l'action que nous menons, au moins pour préserver leur détermination à poursuivre leurs thérapie, à fortifier leur motivation.

Et pourtant, rares sont ceux que nous retrouvons par la suite, après leur sortie de cure. La première raison de leur absence d'implication nous paraît être tout simplement d'ordre géographique : nombreux sont ceux qui, en raison du tabou que présente l'alcoolisme, sont très réticents à se faire soigner près de chez eux. Ils arrivent d'une autre région, pour ne pas risquer de rencontrer des connaissances, et donc, après les soins, ils retournent chez eux, tout naturellement – nous comprenons d'autant mieux cette attitude que nombre d'entre nous sont allés se faire soigner dans un autre département. Nous leur fournissons alors la liste des mouvements d'anciens malades qu'ils peuvent contacter près de leur domicile, et nous les incitons à en rencontrer plusieurs, de n'importe quelle obédience, et de faire leur choix et ainsi continuer à travailler sur leur détermination dans une atmosphère qu'ils auront choisie.

Mais reconnaissons que ce ne peut être ni la seule, ni la principale raison de leur disparition de nos rencontres.

Le discours que tiennent les centres d'alcoologie, que nous-mêmes tenons, incite les malades à poursuivre leur thérapie par une participation aux réunions d'anciens malades.

> *Je sais ce que le mouvement m'a apporté, je ne l'en remercierai jamais assez, et je dois à mon tour me mobiliser au service des autres malades.*
> **Les responsables**

N'attendons pas que chacun des anciens malades s'investisse dans le mouvement. La société actuelle qui voit chaque jour augmenter l'individualisme, ne se prête pas réellement à l'altruisme.

Si nous analysons plus avant le phénomène, nous pouvons incriminer quelque fois, l'absence de réussite du traitement de l'alcoolisme. Un certain pourcentage d'échec est à déplorer, et ainsi, à l'issue des soins, le malade a rechuté rapidement, et il n'a pas eu le courage de venir s'avouer vaincu devant les anciens. Il est possible également que le malade ait acquis la certitude d'en être sorti définitivement, ce qui a fait naître un sentiment de toute puissance l'invitant à considérer l'action du mouvement superflue, comme une perte de temps, ce qui selon nous présente un gros risque de perte de soutien, de motivation.

Mais espérons simplement que notre action servira à ancrer leur motivation de telle sorte qu'ils n'aient plus besoin de soutien, et qu'en cas de difficulté, ils n'hésiteront pas à revenir.

Les visites au centre ou auprès des soignants

Un certain nombre d'anciens, abstinents depuis parfois des années, continuent à consulter leur médecin ou leur infirmier(e) référent(e). Le rendez-vous régulier les aide à faire le point avec l'équipe de soins, leur permet de continuer à approfondir leur réflexion sur leur propre maladie.

Gageons que les équipes soignantes reçoivent leurs anciens malades avec toute l'attention nécessaire, certes, mais également avec un grand plaisir : des liens de respect, d'estime, et presque d'amitié se sont tissés entre patient et soignant, les visites des anciens sont la preuve que leur travail n'a pas été vain, que le troisième pied thérapeutique est à l'œuvre. Il y a là, la preuve que pendant longtemps après les soins tout n'est pas réglé, qu'une attention permanente à soi doit être maintenue... Jusqu'à ce qu'un retour à un état tout à fait normal, c'est-à-dire l'état d'avant la perte de contrôle face à l'alcool, se produise.

La résilience

> Capacité à surmonter les chocs traumatiques.
>
> Capacité d'un individu à résister psychiquement aux épreuves de la vie.
>
> Capacité d'un individu à faire face à des situations difficiles ou génératrices de stress
>
> « En psychologie, la résilience est la capacité à vivre, à réussir, à se développer en dépit de l'adversité. »
>
> **Boris Cyrulnik**

Le malade a atteint un certain degré de liberté face à l'alcool, la liberté de dire non ! Il est abstinent, il vit bien mieux que du temps où il s'alcoolisait, sans doute a-t-il réglé quelques problèmes avec son environnement familial et/ou professionnel. Un nouvel équilibre s'est établi ; peut-on dire que tout est réglé, qu'il ou elle est devenu(e) un(e) personne ordinaire ?

Nous pouvons constater que même ceux qui ont beaucoup souffert d'une dépendance gravissime, ceux dont les dommages physiologiques ont été importants, semblent avoir recouvré toutes leurs facultés. L'expérience qu'ils ont vécue et la manière dont ils ont vaincu les difficultés, tout cela les a certainement marqués… de la même manière que n'importe quelle expérience de vie peut affecter n'importe quel individu.

Peut-être trouverons-nous davantage de comportements altruistes chez ceux qui, bénévolement, se sont donné comme objectif d'aider les autres, activement, au sein du mouvement, mais ni plus ni moins que dans le reste de notre société. Les caractères nous paraissent aussi diversement répartis parmi les anciens malades qu'ailleurs. On trouvera sans doute autant d'individus sympathiques qu'antipathiques parmi les anciens malades qu'ailleurs. La « communauté » des anciens malades de l'alcool nous paraît en tout point semblable à celles que nous pouvons trouver dans n'importe quelle autre association : culturelle sportive, humanitaire, de loisir etc. Alors, les anciens malades sont ils à considérer d'un autre œil, du fait que leur maladie les a conduits à montrer des comportements socialement répréhensibles ?

L'alcoolodépendance est une sérieuse maladie. Elle provoque tous les dommages dont nous avons été témoins, elle est encore trop souvent entachée d'un tabou qu'il nous appartient d'éradiquer. La maladie alcoolique est la deuxième cause de décès évitable, après le tabagisme, en France. La connaissance de cette maladie progresse, notamment en ce qui concerne les prédispositions génétiques à l'addiction. Nous attendons, nous espérons que ces progrès seront aussi profitables au traitement d'autres dépendances…au tabac, aux drogues, aux médicaments et autres produits et comportements conduisant à des pertes de contrôle de soi, à des pertes de liberté de vivre.

Il existe bien des médicaments qui aident à résister aux pulsions. Il arrive également que des malades développent une autre addiction à ces médicaments. Il semblerait qu'un certain nombre d'organismes voient d'un bon œil se développer des pratiques qui ménageraient à la fois les intérêts des producteurs d'alcool et ceux de l'industrie pharmaceutique, au détriment nous semble-t-il de la liberté de chacun. Rappelons qu'une consommation très modérée d'alcool peut être considérée comme peu dommageable, mais qu'un malade dépendant de l'alcool ne peut, lui, en l'état actuel de nos connaissances, se permettre la moindre ingestion volontaire d'alcool. Depuis 28 ans de fréquentation des malades dans notre mouvement, nous n'avons jamais connu un seul cas d'alcoolodépendant qui, après la réussite du traitement se soit permis la moindre reprise de consommation sans retomber plus gravement encore.

Alors, la résilience est-elle possible pour celui qui a eu le courage de reconnaître sa difficulté face à l'alcool, qui a fait preuve d'assez d'humilité pour demander de l'aide, qui a pu développer la volonté et maintenir sa motivation de persévérer dans l'abstinence ? Oui sans doute, la résilience est possible, qu'on la nomme guérison ou rémission. Mes amis du mouvement d'anciens malades font la démonstration de leur résilience, chaque jour, même si on peut les caractériser non plus d'alcoolodépendants, mais d'alcoolalergiques.

Et en dernier pour la route

Nos amis, les anciens malades de l'alcool, nous ont appris que pour eux, du temps de leurs galères, il ne pouvait exister de dernier verre : ils prétendaient avoir besoin d'en boire un « dernier » pour la route, afin de se donner le courage de quitter, à regret, les bons amis qu'ils venaient de se faire sur le zinc, tout en sachant qu'il leur faudrait en boire d'autres, et recommencer chaque jour, et ce pour le restant de leur vie.

Arrivés au terme de notre témoignage, et pour aller plus avant sur notre route, nous nous sommes intéressés aux aspects théoriques de la dépendance.

Nous avons pu consulter un grand nombre d'articles relatant l'historique des différentes réflexions et expérimentations sur la maladie alcoolique. Ces lectures nous amènent à tenter quelques conclusions et à élaborer une sorte de vade-mecum, à l'usage de ceux qui pourraient avoir quelques inquiétudes sur leur propre consommation ou celle de leur(s) proche(s).

Notons tout d'abord trois conclusions aujourd'hui fréquemment rencontrées dans la littérature scientifique et qui pourraient avoir une incidence sur l'action des mouvements d'anciens malades alcooliques.

1. Les facteurs environnementaux jouent un rôle déterminant dans l'apparition de la dépendance à l'alcool

Les facteurs environnementaux, ce que nous avons appelé « habitus », sont responsables pour moitié environ, dans l'apparition de la dépendance. Parmi ces facteurs, les habitudes familiales et/ou culturelles sont très incitatives : l'enfant construit sa personnalité à travers des modèles, tout d'abord celui de ses parents, puis de ceux parmi ses connaissances réelles ou fantasmées, les personnages dotés d'un certain prestige à ses yeux : les acteurs, les chanteurs, les copains, les célébrités « vues à la télé » etc. Les publicitaires et les lobbies savent très bien utiliser la puissance de ces sortes de modèles en présentant des films ou des clips dans lesquels les acteurs boivent de l'alcool dans de nombreuses séquences, sans que cela apporte la moindre pertinence au sens de leur récit (ils proposent des actions similaires à propos du tabagisme, d'ailleurs). Il est certes très difficile de transformer l'environnement dans lequel nous vivons, d'obliger nos enfants à faire abstraction de tout ce qui les entoure, mais on peut facilement éviter de valoriser la consommation d'alcool, et affirmer qu'on peut très bien vivre (même mieux) sans alcool. Un mouvement d'anciens malades alcooliques peut grandement apporter sa contribution à valoriser le concept de maladie, et ainsi lever le tabou qui demeure encore trop présent sur l'alcoolisme ; rendre aussi banale que possible cette pathologie et ainsi œuvrer à la prévention et faciliter la mise en place des soins.

2. *La dépendance alcoolique est plus fréquente et plus précoce chez les enfants ayant au moins un parent alcoolique que chez ceux dont aucun parent n'est atteint de cette maladie.*

Les symptômes de la dépendance apparaissent plus tôt chez les malades dont les deux parents sont alcooliques (27,2 ans) que chez ceux dont un seul parent est malade (32,3 ans), alors qu'ils n'apparaissent qu'à 38,3 ans en moyenne chez les personnes dont aucun parent n'est alcoolique (les différentes recherches n'indiquent pas s'il y eu des investigations antérieurement à la première génération, on a vu que la transmission de certains gènes pouvait sauter plusieurs générations). Nous voyons que les symptômes, même dans le premier des cas cités plus hauts, se déclarent relativement tardivement…ce qui explique certainement que dans les mouvements d'anciens malades nous ne rencontrions pratiquement jamais de malades très jeunes. Ceux qui viennent à nos réunions ont presque toujours plus de trente ans, et lorsque nous les voyons, la maladie est déjà bien avancée, et nous connaissons alors toutes les difficultés de la thérapie.

En admettant qu'il y ait environ 5% de dépendants à l'alcool et que chaque malade ait deux enfants, nous aurons donc 10% de malades potentiels, et de cela nous nous en apercevrons que bien tardivement. Donc le message qu'il devrait être possible d'adresser à ces enfants-là, serait de leur faire savoir qu'ils sont des personnes hautement sensibles au risque l'alcool, et ainsi les amener à demeurer très vigilants face à leur consommation, et ne jamais se laisser tenter par des excès.

3. Si la transmission génétique de l'alcoolisme n'est pas démontrée, la prédisposition à devenir alcoolique, elle, se transmet.

A propos de cette troisième conclusion, nous devons, membres d'un mouvement d'anciens malades de l'alcool, à la fois rassurer ceux qui se disent impuissants à lutter contre leur dépendance du fait de leur « hérédité » supposée, et diffuser un message d'espoir à l'usage de ceux qui condamnent leurs proches malades : cette prédisposition peut être assimilée à une sorte d'allergie qui certes ne se guérira pas, mais que l'on pourra surveiller assez facilement, comme le ferait un allergique à la fraise, au gluten au lactose ou à tout autre produit, non indispensable à la vie et dont l'humain peut se passer. Si, le besoin de boire, la perte de contrôle et finalement la vaine volonté de maîtriser sa consommation sont des marqueurs utiles pour identifier les buveurs à risques, alors nous devrions mettre tout en œuvre pour que le symptôme de la prédisposition soit clairement défini et mis à jour. Le concept d'alcoolallergie devrait pouvoir cohabiter avec celui d'alcoolodépendance, ce qui nous aidera certainement à lutter contre les consommations excessives des personnes à risque et agir contre le tabou.

4. Une meilleure connaissance des mécanismes d'action neurochimiques de l'alcool sur l'organisme devrait faire apparaître des molécules sélectives pour le traitement de la dépendance.

La quatrième conclusion ne peut avoir d'incidence sur notre action : nous ne sommes ni médecins ni psychothérapeutes ni habilités à nous prononcer sur les notions proprement techniques et/ou scientifiques. Toutefois, nous pouvons nous réjouir de savoir que des études se poursuivent, que l'identification génétique des personnes à risque de devenir dépendantes pourra (pourrait) permettre de repérer les facteurs psychologiques et environnementaux utiles à la prévention de l'alcoolisme. La psychothérapie, associée ou non au traitement médicamenteux tient aujourd'hui une place déterminante dans l'arsenal médical et, face au risque de rechute encore trop élevé, nous ne pouvons qu'espérer de gros progrès dans la recherche scientifique.

5. *Un des axes de la prise en charge d'un alcoolique consiste à améliorer cette confiance en soi et, ainsi, à diminuer les risques de rechutes.*

Empruntons encore cette cinquième conclusion pour la faire nôtre et tâcher de maintenir, lors de nos réunions, un climat, fait de bienveillance, d'écoute et d'empathie, propre à aider chaque malade, et chaque ancien malade, à développer et préserver sa confiance en soi, confiance en ses amis du mouvement et enfin, atteindre la fierté pour soi et pour les proches de s'en être sorti.

Table des matières

Une maladie...

Tomber malade 9
Habitus 16
Dépendance 19
Addiction 19
Malade alcoolique vs buveur excessif 24
Le déni 26
Vers une prise de conscience 31
Le déclic 34
Le courage 37
L'humilité 39
Égotisme 41
Égocentrisme 41
Égoïsme 41
Narcissisme 42
Guérir 45
La rechute 47
La rechute et le faux pas 48
Le trépied thérapeutique 52

... qui pose question

Les conseils	66
Héritage ou hérédité ?	68
L'abstinence totale et définitive ?	69
La volonté ?	71
Le retour de la confiance ?	73
Et la confiance en soi ?	76
Responsable vs coupable… « Avouer » ?	77
Les envies ?	79
Les tentations ?	80
Dire ou ne pas dire ?	84
Prosélytisme ou non ?	88
Combien de cures ?	90
Être fier ou non de son état ?	92
Jusqu'à quel âge peut-on se faire soigner ?	94
Quels sont les produits dangereux ?	97
Et les enfants d'alcooliques ?	101
Retrouver son rôle dans le foyer ?	104
La prévention	106
En sortant de cure, les nouveaux membres	108
Les visites au centre ou auprès des soignants	110
La résilience	111
Et en dernier pour la route	114